PE. JOSÉ BORTOLINI

VAMOS CONHECER OS
PROFETAS
DA BÍBLIA

DIREÇÃO EDITORIAL:
Pe. Fábio Evaristo R. Silva, C.Ss.R.

CONSELHO EDITORIAL:
Ferdinando Mancilio, C.Ss.R.
Gilberto Paiva, C.Ss.R.
José Uilson Inácio Soares Júnior, C.Ss.R.
Marcelo da Rosa Magalhães, C.Ss.R.
Mauro Vilela, C.Ss.R.
Victor Hugo Lapenta, C.Ss.R.

COORDENAÇÃO EDITORIAL:
Ana Lúcia de Castro Leite

COPIDESQUE:
Bruna Vieira da Silva

REVISÃO:
Luana Galvão
Sofia Machado

DIAGRAMAÇÃO E CAPA:
Bruno Olivoto

Dados Internacionais de Catalogação na Publicação (CIP) de acordo com ISBD

B739v	Bortolini, José
	Vamos conhecer os profetas da bíblia / José Bortolini. SP : Editora Santuário, 2019.- Aparecida, 88 p. ; 14cm x 21cm.
	Inclui bibliografia e índice. ISBN: 978-85-369-0599-0
	1. Cristianismo. 2. Bíblia. 3. Profetas. I. Título.
2019-976	CDD 240 CDU 24

Elaborado por Odilio Hilario Moreira Junior - CRB-8/9949

Índice para catálogo sistemático:
1. Cristianismo 240
2. Cristianismo 24

1ª impressão

Todos os direitos reservados à **EDITORA SANTUÁRIO** – 2019

Rua Pe. Claro Monteiro, 342 – 12570-000 – Aparecida-SP
Tel.: 12 3104-2000 – Televendas: 0800 - 16 00 04
www.editorasantuario.com.br
vendas@editorasantuario.com.br

Introdução

Quando o profeta silencia, seu silêncio pode ser mais grave que o turbilhão de muitas palavras, porque o silêncio do profeta é também o silêncio de Deus. É preferível viver com profetas que incomodam a viver sem eles, pois sua ausência pode representar a ausência de Deus.

Escutar o profeta desacomoda, mas é preferível viver inquieto tendo um profeta ao lado a experimentar calmaria, que pode ser prenúncio de tremendo tsunami.

No passado recente, vivíamos em meio a uma multidão de profetas. Mas a impressão que se tem hoje é de que eles escasseiam e até desaparecem. É urgente o retorno dos profetas, realizando o desejo de Moisés: "Oxalá todo o povo de Javé fosse profeta, dando-lhe Javé o seu Espírito" (Números 11,29).

Foi por essa e outras razões que me decidi escrever algo sobre o profetismo, tendo como suporte principal a Sagrada Escritura. No campo bíblico, eu me movimento relativamente bem; em outros setores, porém, confesso que nunca examinei em profundidade um texto profético.

Mesmo assim, ouso afirmar que não concordo que a característica fundamental do profeta seja o anúncio. E tentarei demonstrar por que penso de modo diferente. O leitor pode discordar de minha opinião e, nesse caso, o mérito deste texto é unicamente haver suscitado reflexão em torno dessa questão.

Começaremos tomando conhecimento de que o fenômeno profético, nos povos vizinhos a Israel, era diferente daquilo que, com o tempo, se cristalizou na Sagrada Escritura.

Examinaremos, brevemente, algumas passagens bíblicas, nas quais aparecem confrarias de profetas, deixando a suspeita de que ser profeta é algo transmitido hereditariamente. Nesse contexto, é fácil compreender a existência de grupos proféticos ligados ao chefe de Estado. Produzem uma profecia a serviço do poder e em defesa do mandatário que detém o poder.

Com Samuel, a meu ver, é que surge o movimento profético, como oposição à concentração de todos os poderes nas mãos de uma única pessoa: o rei. Profetismo e monarquia andam juntos, sem se entenderem. E, se olharmos de perto a linha do tempo, perceberemos que o profeta surge quando aparece a monarquia e, praticamente, desaparece quando, em Israel, não há mais reis.

Examinaremos a presença e ação de alguns profetas antes de Amós, o primeiro a emprestar seu nome a um livro da Bíblia. E depois temos encontro marcado com os "profetas escritores", salientando algumas peculiaridades de cada um deles, bem como as características comuns a todos.

Daí passaremos ao Novo Testamento, em que profecia/profeta tem significado particular. Analisaremos o sentido desse termo, sobretudo, em Paulo e no Apocalipse.

Com isso, pretende-se corroborar a formação bíblica dos nossos agentes pastorais. No dia de Pentecostes, o Espírito foi derramado sobre todos, porém em muitas situações ele continua adormecido. E o mundo continua com sede da palavra de um profeta.

Profeta não se nasce. Há um mistério escondido no coração de Deus acerca do profeta. Tomando Jeremias como modelo, percebemos que, antes de existir o projeto humano, ou seja, a concepção de um bebê, está pronto e preparado o projeto que Deus tem acerca desse bebê. O amor de Deus se antecipa à concepção e ao nascimento do profeta, de modo que nada lhe é anterior, nada poderá superá-lo.

Com isso, alimento um único desejo ou sentimento: oxalá todo o povo de Deus exerça a profecia.

Atenção às datas

Provavelmente, você sabe como se chegou a determinar as datas de pessoas e acontecimentos antes de Jesus nascer. Mas pode acontecer que alguém peça explicação a você. E aqui você encontra as informações básicas. Antes dos cálculos de Dionísio, o Pequeno, o ponto de partida era a fundação de Roma. Exemplo: de acordo com esse critério, Jesus teria nascido no ano 753 da fundação de Roma. Esse era o calendário juliano. Acontece que foi pedido a Dionísio refazer os cálculos, pondo como ponto de referência o nascimento de Jesus. Esse acontecimento seria o ponto de chegada aos acontecimentos anteriores e o ponto de partida para os posteriores. Assim ficou estabelecido o calendário das datas antes de Cristo (a.C.) e das datas depois de Cristo (d.C.). Se entre nós vigorasse o calendário anterior (calendário juliano), para calcular em qual ano estaríamos, seria necessário somar 753 + os anos depois de Cristo (suponhamos estar em 2020) e estaríamos no ano 2.773, depois da fundação de Roma.

Antigo Testamento

1
Origem do fenômeno profético

O fenômeno profético, antes de se instalar em Israel, é vivido nos povos vizinhos. É, portanto, em relação ao profetismo na Bíblia, fenômeno anterior, em parte diferente. Uma de suas características é o estado de transe que se apodera da pessoa para que ela possa atuar como intermediária entre a vontade da divindade e o rei, normalmente destinatário da profecia. O êxtase e a situação de transe são condições indispensáveis para a manifestação profética. Desconhece-se quase por completo o conteúdo da fala do extático em transe. Outra característica – que se encontra também no Antigo Testamento – é a vivência e a convivência em comunidades, formando corporações. Parece estar aqui a raiz da "profissionalização" do profeta: ele não é chamado por Deus, mas, por pertencer a um grupo, aos poucos, vai fazendo disso seu ganha-pão. A situação é delicada, pois onde há dinheiro quase sempre há também corrupção. Quando a profecia envolve dinheiro, pode-se ter a certeza de que, por trás disso, há uma rede de corrupção.

Esse modelo antigo tem resquícios na Bíblia. Fala-se, na história do rei Saul, de um grupo que, ao som de instrumentos musicais, entra em transe, envolvendo o próprio rei (1 Samuel 9 e 10).

A presença de Saul nesse grupo causa mal-estar. De fato, alguém do grupo pergunta a respeito do pai do rei, um tal Cis, aparentemente homem que não sobressai. E o fato torna-se proverbial. Quando se quer manifestar desconforto diante de determinada situação, ou também da presença de algo inoportuno, diz-se: "Está também Saul entre os profetas?"

Outro grupo apresentando características semelhantes pode ser visto na história do profeta Elias, mais exatamente no episódio do monte Carmelo (1 Reis 18,19-40). É uma queda de braço entre ele e os profetas de Baal, divindade fenícia introduzida no reino do Norte por Jezabel, rainha e esposa do rei Acab. Quatrocentos e cinquenta contra um. Os adeptos de Baal são profetas sacerdotes a serviço da divindade masculina – Baal – que exerce função capital na natureza, regulando estações, plantações, colheitas etc. Dele depende a chuva, que, derramada sobre a terra, fecunda o solo, pois a chuva é vista como seu esperma fecundante, caindo sobre a terra, o elemento feminino.

O Reino do Norte está infestado pela religião de Baal, provocando o enfraquecimento perigoso da religião de Javé. Isso pode ser visto na quantidade de profetas sacerdotes a serviço de Baal – 450 –, ao passo que Elias se queixa de ter ficado sozinho.

O grupo de profetas a serviço de Baal repete as características das corporações proféticas vistas acima. De fato, estando perto do meio-dia, e sob o deboche de Elias, gritam, fazem cortes no próprio corpo, deixando o próprio sangue escorrer, e acabam entrando em transe.

O modo de agir de Elias não contempla nenhum dos gestos dos profetas de Baal: não entra em transe sob efeito de música, não fere o corpo, e sua palavra contra o rei tem o aspecto de reprovação mais saliente que a mensagem orientadora. E assim começa a delinear-se o perfil do profeta autêntico. Como veremos, suas palavras, seus gestos e suas atitudes não nascem do transe, mas da leitura profunda da realidade vivida pelo povo e da escuta atenta daquilo que Deus pede.

No tempo de Eliseu, sucessor de Elias, há uma confraria de profetas que parece seguir as orientações de Eliseu (2 Reis 4,38b). Não se menciona a atividade dessa comunidade. Supõe-se ser comunidade pobre, a ponto de não dispor sequer de um machado, tendo que tomá-lo emprestado. Sabe-se também que o espaço físico onde moram é exíguo, por isso buscam ampliá-lo (6,1-7).

1. Origem do fenômeno profético

Da confraria à profissionalização da profecia o percurso é breve. E o profeta profissional já não se importa com a verdade, mas transmite ao soberano aquela que seria a vontade de divindade; no fundo é sempre uma forma de manter a profissão, profetizando coisas boas na vida do soberano. Podemos ver isso em 1 Reis 22, passagem que soa assim: Acab (874-853), rei do Norte, convida Josafá (870-848), rei do Sul em visita ao rei do Norte, a participar da guerra contra Moab, povo vizinho a Israel. Prudente, Josafá quer certificar-se acerca do êxito desse empreendimento e pergunta se não há um profeta de Javé para ser consultado. O rei do Norte responde: "Resta ainda um, mas eu o odeio, porque nunca profetiza o bem para mim, mas apenas desgraças: trata-se de Miqueias, filho de Jemla".

Josafá, rei do Sul, quer ouvir Miqueias. E alguém vai a sua procura. Enquanto isso, os profetas profissionais, ligados ao palácio e aos interesses da corte, profetizam sucesso na campanha contra Moab. Um deles, de nome Sedecias, filho de Canaana, confecciona para si chifres de ferro e profetiza para o rei do Norte, dizendo: "Com isto ferirás os arameus até exterminá-los".

Aquele que vai buscar Miqueias recomenda-lhe: "Os profetas são unânimes em falar a favor do rei. Procura falar como eles e predizer sucesso". Porém Miqueias, que não está ligado ao palácio nem é membro de alguma corporação de profetas profissionais, não aceita corromper-se, e em sua declaração encontramos a essência do profeta verdadeiro: "Aquilo que Javé me disser, é isso que anunciarei!" Interrogado pelo rei do Norte acerca do resultado da empresa, Miqueias responde positivamente ao rei. Porém o rei percebe que o profeta não está transmitindo a vontade de Javé e pede-lhe seriedade na questão. Então Miqueias diz a verdade: "Eu vi todo o Israel disperso pelas montanhas como rebanho sem pastor. E Javé me disse: 'Eles não têm mais senhor, que cada um volte para sua casa em paz'".

O texto continua, mostrando como Acab, o rei do Norte, será enganado. Um espírito de mentira estará na boca de todos os profetas, de sorte que profetizarão mentiras. E assim acontece. Acab, rei do Norte, vai à guerra e da guerra volta morto. As palavras de Miqueias se cumprem, e os profetas profissionais, mantidos pela corte, acabam desmascarados. Nós não temos a exata dimensão de quantos eram nem da importância de sua influência na corte ou alcance da atividade desses profetas a serviço dos detentores do poder.

1. Como surgiu o profetismo em Israel?

Não é fácil responder a essa questão com poucas palavras. Para começar a entender, vamos à época dos juízes (veja, na coleção "Conheça a Bíblia", vol. I, p. 85 e seguintes, mais informações acerca desse tema). Além disso, é preciso ter presente o que aí se diz a respeito dos objetivos da História Deuteronomista (que compreende os livros de Josué, Juízes, 1 e 2 Samuel e 1 e 2 Reis). A História Deuteronomista parte do livro de Josué (posse da terra = bênção) e termina com o exílio na Babilônia (perda da terra = maldição). E ela se pergunta: como pôde acontecer isso? Quem são os principais responsáveis que nos levaram à desgraça? E a resposta é somente uma: se for necessário apontar o dedo para culpados, sem dúvida, é para a monarquia que devemos fazê-lo. Sim, os reis do Norte e os do Sul nos arrastaram para a perda da liberdade e da terra. Eles são os maiores culpados. A monarquia põe às claras toda a sua responsabilidade.

A monarquia, que chamaremos *Sistema tributário dos reis*, começou por volta de 1030, tendo como primeiro rei Saul. Antes dela, iniciada por volta de 1250, vigorou um modo de organização em todos os níveis, que denominaremos *Organização igualitária das tribos*. É interessante perceber a avaliação extremamente positiva desse período feita ao fim do livro dos Juízes (21,25): "Naqueles dias não havia rei em Israel, e cada

1. Origem do fenômeno profético

um fazia o que lhe parecia correto". Este era o sonho de todos os profetas que vieram depois: viabilizar no tempo deles o ideal de igualdade vivido na época da organização igualitária das tribos. Falaremos disso adiante.

Vamos olhar, brevemente, como eram organizadas as tribos. A primeira grande instância autônoma era uma espécie de liga das tribos, que articulava as instâncias autônomas inferiores. Faziam-se assembleias periódicas, nas quais se examinava a caminhada das tribos, a saber, a tribo, a associação protetora e a casa-do-pai. É famosa a assembleia de Siquém, narrada em Josué 24. A liga das tribos era a instância autônoma maior. Em Josué 24, mencionam-se os participantes da assembleia, representando todo o povo: os escribas de Israel, os chefes e os juízes com seus escribas. Além de examinar a caminhada das tribos, na liga se renovava a aliança (24,25).

A instância autônoma imediatamente inferior era a tribo. Cada tribo realizava assembleias próprias. Não havendo exército regular, caso fosse necessário combater um inimigo estrangeiro, convocava-se o povo para uma guerra regional. Em cada tribo havia assembleias de anciãos, representantes do povo que tomavam as decisões para a própria tribo, julgavam os processos judiciais e organizavam a distribuição das sobras. Nesse tempo não havia moeda, e a economia que funcionava entre as tribos era a troca de mercadorias. O excedente era destinado às pessoas carentes.

Abaixo da tribo havia outra instância autônoma, chamada associação protetora. Compunha-se de, aproximadamente, 50 casas-do-pai. Os chefes dessas casas coordenavam a associação protetora e desempenhavam as seguintes funções: ajuda mútua do ponto de vista econômico; recrutamento militar, quando necessário; celebrações religiosas locais; criação de leis, segundo a necessidade do lugar; e, finalmente, cuidavam dos acordos matrimoniais.

A última instância autônoma e unidade primária residencial e econômica era a casa-do-pai. Reunia cerca de 50 pessoas parentes: casais e solteiros. É dentro dessa unidade que se davam os casamentos. Do ponto de vista da produção de bens, sua distribuição e consumo, a casa-do-pai era praticamente autossuficiente. Nela se realizava a primeira educação de todas as crianças. Transmitiam-se a elas as instruções básicas acerca de seu dever de israelita. Ali, celebrava-se a Páscoa, a festa mais importante do calendário litúrgico.

Nesse contexto não havia profetas, e sim juízes. Podemos até afirmar que na organização igualitária das tribos não havia necessidade de profetas para dirimir os possíveis pleitos entre as pessoas.

Outro detalhe importante: em semelhante situação, dificilmente ocorriam situações de desgarre, pois, em caso de necessidade – e sem a presença de moeda –, a única solução era partilhar os bens produzidos. Fenômenos como o banditismo e a prostituição, exceto em caso de expressão religiosa, estavam ausentes, pois, naquela época, bem como mais tarde no tempo de Jesus, o banditismo era a última tábua de salvação para quem não se resignava a morrer de fome.

Do mesmo modo a prostituição. Não raras vezes, até no tempo de Jesus, a prostituta era um subproduto da sociedade, que optou pela concentração e pelo acúmulo de bens. Observe o episódio da pecadora na casa do fariseu (Lucas 7,36-50): aí se diz que era da cidade. Certamente pessoa que, movida por extrema necessidade, viu-se constrangida a se prostituir, a fim de não morrer de fome.

1.1. Fim do sonho

Como já foi mencionado, os profetas "escritores", que atuaram a partir do século VIII, sonhavam com o retorno dessa época de ouro para os israelitas. Com isso não se pretende ver tais profetas como saudosistas do passado, que não volta mais. Não eram saudosistas, e sim realistas, acreditando que o projeto de Deus era palpável naquele modo de viver e organizar a vida.

1. Origem do fenômeno profético

Isso reforça também a ideia que tenho acerca da palavra que sintetiza toda a atividade profética. Essa palavra não é "anunciar", mas "denunciar". Denunciar que o projeto de Deus para a criação de um mundo sem males – em parte visível na época dos juízes – foi modificado, gerando multidões de necessitados. Para o profeta, o sonho não acabou. É preciso despertar as energias que o põem de pé, atuante na história das pessoas.

2
Por que a organização igualitária das tribos chegou ao fim

Como já vimos e mostramos, o fim do livro de Juízes (21,25) impressiona pela sinceridade e clareza: "Naqueles dias não havia rei em Israel, e cada um fazia o que lhe parecia correto". A menção da inexistência da monarquia é sentença contra os reis que vieram mais tarde. Não há nada positivo em relação à monarquia nessa afirmação, e a razão é esta: estamos em plena História Deuteronomista, que vê nos reis os responsáveis maiores pela desgraça do povo (exílio) com a perda da terra e da liberdade.

Impressiona também o nível de consciência coletiva acerca do que é correto e do que não é: "Cada um fazia o que lhe parecia correto". Em outras palavras, cada pessoa alcança um nível interno e externo, pessoal e social acerca daquilo que é certo ou errado a ponto de nos impressionar. É a realização antecipada daquilo que, mais tarde, Jeremias anunciará como meta a ser alcançada, a nova aliança (31,31-34):

> Eis que dias virão – oráculo de Javé – em que concluirei com a casa de Israel (e com a casa de Judá) uma aliança nova. Não como a aliança que concluí com seus pais, no dia em que os tomei pela mão para tirá-los da terra do Egito – minha aliança que eles próprios romperam, embora eu fosse seu Senhor, oráculo de Javé! Porque esta é a aliança que concluirei com a casa de Israel depois desses dias, oráculo de Javé. Porei mi-

nha lei no fundo do seu ser e a escreverei em seu coração. Então serei seu Deus, e eles serão meu povo. Eles não terão mais que instruir seu próximo ou seu irmão, dizendo: "Conhecei a Javé". Porque todos me reconhecerão, dos menores aos maiores – oráculo de Javé – porque perdoarei sua culpa e não mais me lembrarei de seu pecado.

Na cultura do povo da Bíblia, o coração representa a consciência. O povo atinge tal grau de consciência que dispensa instrutores ou estímulos externos para discernir o que é correto e o que não é. Esse patrimônio de consciência não é privilégio de alguns adultos, mas é característica também dos menores.

Então, perguntamos: se era tão belo, quase perfeito, por que faliu? Para entender a questão precisamos olhar o livro dos Juízes e, mais atentamente, a função deles. Os juízes são os administradores da justiça, em dois níveis, internacional e nacional. No nível internacional, o juiz é líder militar ocasional que deve comandar o exército recrutado para a guerra contra as agressões dos inimigos. O outro nível é interno: trata-se de administrar e julgar os pleitos entre pessoas ou grupos dentro do território das tribos. Alguns juízes exercem a justiça nos dois níveis (por exemplo, Débora), outros desempenham sua função em um nível apenas.

Eles têm acesso às assembleias da liga das tribos, instância maior e mais importante na organização igualitária das tribos (veja Josué 24,1). Devem, com razão, ser vistos e avaliados como a elite que governa o povo.

1. O sacerdote Eli e seus filhos

Silo, no território da tribo de Manassés, é uma cidade conhecida por vários motivos, entre eles, sem levar em conta qual seria o mais importante: 1. Substitui Siquém (veja Josué 24) como local das reuniões da liga das tribos. 2. Abriga um santuário local famoso, talvez o mais famoso santuário antes

2. Por que a organização igualitária das tribos chegou ao fim

de surgir o Templo de Salomão em Jerusalém. 3. Nela se encontra a arca da aliança por certo período de tempo. 4. Nela reside o sacerdote Eli, cujos filhos, Ofni e Fineias, são juízes. 5. Para lá os pais de Samuel peregrinam, e nesse santuário o menino Samuel é consagrado ao Senhor, substituindo, mais tarde, o sacerdote Eli.

A Bíblia associa a Silo o começo do fim da organização igualitária das tribos. Para entender isso, devemos examinar a conduta dos filhos de Eli, que devem ser administradores da justiça (juízes), e de sua transparência nessa questão conserva-se intacta a organização. Mas os filhos de Eli são tudo, menos honestos. O primeiro livro de Samuel (2,12-17) narra:

> Os filhos de Eli eram homens vagabundos; não conheciam Javé. Tal era o direito dos sacerdotes em relação ao povo. Toda vez que alguém oferecia um sacrifício, enquanto se cozinhava a carne, o servo do sacerdote vinha com um garfo de três dentes, metia-o no caldeirão ou na panela, ou no tacho, ou na travessa, e tudo quanto o garfo trazia preso, o sacerdote retinha como seu; assim se fazia com todos os israelitas que iam a Silo. E também, antes de se queimar a gordura, vinha o servo do sacerdote e dizia ao que realizava o sacrifício: "Dá essa carne, que deve ser assada ao sacerdote, porque ele não aceita de ti a carne cozida, mas sim a crua". E se aquele homem dissesse: "Primeiro queima-se a gordura, e depois tira o que quiseres", ele dizia: "Não, ou me dás agora mesmo como disse, ou a tomarei à força". O pecado daqueles moços foi grande diante de Javé, pois os homens desprezavam a oferenda feita a Javé.

Aí está o começo do fim da organização igualitária das tribos. Podemos sintetizar as causas da seguinte maneira: líderes do povo, cuja função é administrar a justiça – neste caso em nível interno –, abusam do poder por causa da ganância e violam as leis referentes ao aspecto religioso (sacrifício). Em vez de defender o cidadão, são eles os que violam os direitos dele.

O texto acusa os filhos de Eli de outras transgressões:

> Eli era muito velho, mas era informado de tudo o que seus filhos faziam a todo o Israel. E que eles se deitavam com as mulheres que permaneciam à entrada da tenda da reunião. E ele lhes dizia: "Por que fazeis tais coisas, coisas más, de que ouço falar por todo o povo? Não, meus filhos, não é boa a fama que ouço o povo de Javé espalhar. Se um homem comete uma falta contra outro homem, Deus o julgará, mas se pecar contra Javé, quem intercederá por ele?" Mas não escutaram a voz de seu pai. É que aprouve a Javé tirar-lhes a vida (1 Samuel 2,22-27).

Desde os tempos de Moisés, no deserto, a tenda da reunião é lugar de encontro da(s) liderança(s) com Deus, a fim de traçar o caminho a ser percorrido. À entrada da tenda há mulheres – provavelmente prostitutas – com as quais os filhos de Eli se deitam. Em síntese: para quais objetivos os juízes vão à tenda? Essa tenda – dita do encontro – é, na verdade, encontro com quem? Quem julgará, em instância superior, aqueles que são responsáveis pela administração da justiça? É medida suficiente a tomada por Eli diante da falta dos filhos?

Tempos depois, os filhos de Eli morrem em uma batalha.

2. Samuel, juiz e profeta

Nesse contexto de corrupção, provocada pela ganância das lideranças (juízes), nasceu, cresceu e viveu, toda a sua vida, um dos personagens mais importantes do Antigo Testamento: Samuel. Teve dois filhos – Joel e Abias –, constituídos juízes pelo pai, e exerceram sua função no extremo sul do país – Bersabeia. Como no caso de Eli, também seus filhos se corromperam. No dizer dos anciãos, os filhos de Samuel não seguiram o exemplo do pai juiz – o mais importante de todos os juízes – e "orientaram-se pela ganância, deixaram-se subornar e fizeram desviar o direito" (1 Samuel 8,3). Como quase sem-

2. Por que a organização igualitária das tribos chegou ao fim

pre acontece, a corrupção partiu dos grandes, que forçaram os pequenos a fazer o mesmo ("fizeram desviar o direito").

Na cúpula da organização igualitária das tribos, o caldeirão ferveu. Os anciãos foram ao encontro de Samuel e disseram: "Constitui sobre nós um rei que exerça a justiça entre nós, como acontece em todas as nações" (8,5). O pedido atingia o coração da organização igualitária das tribos e, para Samuel, representava a perda de suas funções. O rei que os anciãos queriam concentrava na administração da justiça todo o seu governo: julgar o povo e combater os inimigos externos.

Samuel ficou desgostoso com o pedido dos anciãos. Talvez, ainda acreditasse na recuperação do sistema igualitário. Mas foi-lhe dito conceder aquilo que pediam, pois, no fundo, quem estava sendo rejeitado era Deus.

> **Salmos a favor e contra a monarquia**
> No livro dos Salmos, estão presentes salmos a favor e salmos contra a monarquia. Na verdade, sempre houve um movimento antimonárquico, e a razão é muito simples: só Deus é rei e ninguém mais. São os salmos 47, 93, 96, 97, 98, 99.
> Os salmos que aceitam e defendem o regime monárquico são: 2, 18, 20, 21, 45, 72, 89, 101, 110, 132, 144.

Contudo, Samuel mostrou aos anciãos o "direito" do rei: ele podia mandar e desmandar, exercer a justiça ou agir injustamente, defender o povo ou tornar-se o maior agressor dos direitos das pessoas. Foi a mais extensa e cruel crítica da monarquia, ou seja, do poder concentrado nas mãos de uma única pessoa.

O momento era grave, pois se tratava de mudança de sistema. E quem ia lucrar? Quem ia perder? Na denúncia dos desmandos dos futuros reis, Samuel assumiu a função de profeta. Ele, portanto, pertencendo à organização igualitária das tribos, agiu como juiz; pertencendo ao novo regime, o sistema tributário dos reis, ele se tornou profeta, pois denunciou o poder régio quando o rei deixou de olhar para o povo e fazer-lhe justiça, defendendo-o dos gananciosos internos e dos perigosos inimigos externos.

Em meu modo de ver, nisso se situava o surgimento da profecia, com Samuel. E a característica principal do profeta era ser a consciência sempre alerta, o alarme que disparava quando o monarca infringia aquilo que era sua função.

Vamos ver de perto as mudanças que o sistema tributário dos reis introduziu na vida do povo. Eis as medidas do "pacote" real:

→ *Corrida armamentista*. No tempo das tribos, não havia exército regular. Recrutava-se quando necessário. Na monarquia, o rei "convocará os vossos filhos e os encarregará dos seus carros de guerra e de sua cavalaria e os fará correr à frente de seu carro; e os nomeará chefes de mil e chefes de cinquenta, e os fará lavrar a terra dele e ceifar sua seara, fabricar suas armas de guerra e as peças de seus carros" (8,11b-12).

→ *Mordomia palaciana*. Na época das tribos, as meninas ficavam com os pais até o casamento. Com a chegada do rei, "ele tomará as vossas filhas para perfumistas, cozinheiras e padeiras" (8,13).

Será verdade?

1 Reis 5,2-3 afirma: "Salomão recebia diariamente para seu gasto treze toneladas e meia de flor de farinha e vinte e sete toneladas de farinha comum, dez bois cevados, vinte bois de pasto, cem carneiros, além de veados, gazelas, antílopes e aves de ceva". Uma tribo por mês devia providenciar todas essas coisas.

→ *Reforma agrária às avessas*. Na organização igualitária das tribos, houve cuidado para que as terras fossem repartidas com justiça entre todos. Com a chegada da monarquia, o rei "tomará os vossos campos, as vossas vinhas, os vossos

2. Por que a organização igualitária das tribos chegou ao fim

melhores olivais e os dará aos seus servos" (8,14). O sentido é este: faltando forças jovens nas famílias e restando só idosos para tocar a lavoura, surgiam as dívidas e o consequente confisco das terras.

→ *Imposto sobre a produção.* No tempo das tribos, não havia dinheiro e tudo era resolvido à base de troca (veja anteriormente). Com a chegada do rei, "das vossas sementes e das vossas vinhas ele cobrará o dízimo, que destinará aos seus eunucos e aos seus servos" (8,15).

→ *Recrutamento civil.* "Os melhores dentre os vossos servos, e de vossos adolescentes, bem como vossos jumentos, ele os tomará para seu serviço" (8,16), diferentemente do que acontecia nas tribos.

→ *Mais impostos.* Exigirá o dízimo dos vossos rebanhos, e vós mesmos vos tornareis seus servos" (8,17).

3
Profecia X Monarquia

1. Saul rei

E Saul foi ungido rei, o primeiro rei de Israel, embora concretamente não tenha governado todas as tribos. Samuel, na condição de profeta, seguiu o rei como sua própria sombra, porque, como foi dito, o profeta era o alarme que disparava quando a autoridade máxima violava algum de seus compromissos.

Se for verdade que o profetismo surgiu como denúncia por ocasião da implantação da monarquia, então se entende por que, quando desapareceram os reis (exílio na Babilônia), também os profetas foram minguando até desaparecerem completamente. E, desaparecendo os reis e a profecia, seu vigia, as atenções se voltavam para a dominação estrangeira (oráculos contra as nações em vários profetas "escritores"), fazendo, aos poucos, germinar o movimento apocalíptico e sua linguagem codificada. De fato, a apocalíptica era filha da profecia, e o foco das denúncias apocalípticas eram as nações estrangeiras, ou seja, os imperialismos que sufocavam o surgimento do Reino de Deus na história.

A despedida de Samuel foi uma espécie de prestação de contas de sua atuação como juiz. Nas entrelinhas, descobriu-se o descontentamento do profeta com o desaparecimento da organização igualitária das tribos e o surgimento do sistema tributário dos reis.

> Então Samuel disse a todo o Israel: "Eis que vos atendi em tudo o que me pedistes, e pus um rei a reinar sobre vós. De agora em diante, será o rei quem marchará a vossa frente. Já estou velho, e meus cabelos brancos e meus filhos estão no meio de vós. Vivi entre vós desde minha mocidade até hoje. Aqui estou. Deponde contra mim diante de Javé e de seu ungido: de quem tomei o boi e de quem tomei o jumento? A quem explorei e a quem oprimi? Da mão de quem recebi compensação para que fechasse os olhos diante de seu caso? Eu vos restituirei" (1 Samuel 12,1-3).

A retidão e transparência de Samuel na administração da justiça foram evidentes. O povo as reconheceu, dizendo: "Tu não nos exploraste nem nos opримiste e de ninguém tiraste coisa alguma" (12,4). Mas o profeta rompeu com Saul porque o rei extrapolou sua ação, oferecendo, em certa ocasião, holocausto e sacrifícios, atividade que não lhe competia (12,8-9).

2. O profeta Natã desmascara o "justo" rei Davi

A certa altura da administração de Saul, entra em cena aquele que passará à história como "rei justo", Davi. Convocado à corte para tocar música nos momentos em que o rei estivesse deprimido e explodindo em atos de cólera, Davi logo tem de vagar por desertos e esconderijos a fim de se salvar do ódio mortal que Saul nutre contra ele. Em um dos muitos episódios que narram essas peripécias, Davi poupa a vida do rei, que se refugia para fazer suas necessidades justamente na caverna em que se encontram Davi e seus companheiros. É notável a grandeza de ânimo de Davi, poupando a vida do rei.

Com a morte de Saul, Davi finalmente assume o poder, tornando-se o mais importante rei de Israel. Passa à história como rei justo. Estrategista, consegue unir todas as tribos de Israel mediante concessões exigidas pelos anciãos. Governa primeiramente em Hebron e, a seguir, transforma Jerusalém em capital de seu império.

3. Profecia X Monarquia

Mas também Davi tem telhado de vidro. Na época em que os reis vão à guerra, ele decide ficar em casa. Notemos a expectativa criada por este fato: o rei se omite de exercer a administração da justiça em nível internacional. Como vimos, na qualidade de chefe supremo das forças armadas, deveria ir à guerra contra os inimigos estrangeiros. Mas decide ficar em casa.

Passeando pelo terraço de seu palácio, vê Betsabeia tomando banho. Manda chamá-la e deita-se com ela. Passado algum tempo, Betsabeia lhe faz saber que está grávida. Temos aqui o primeiro sintoma de que, quando o rei não faz justiça defendendo o pequeno da ganância do poderoso, acaba explorando e oprimindo o povo, nesse caso, a mulher, e mais ainda o marido dela, que está no campo de batalha.

Não se deve esquecer de que há um mandamento proibindo o adultério, bem como uma pena capital para ambos. Não obstante isso, Davi tenta acobertar o erro, chamando de volta Urias – nome do esposo de Betsabeia – e liberando-o para ficar em casa, curtindo a companhia de sua esposa.

Urias bate o pé, não vai para casa, pois não considera justo ir, ao passo que seus companheiros estão sofrendo no campo de batalha. E quer voltar para lá. Então Davi escreve uma carta ao comandante do exército ordenando pôr Urias onde a luta é mais ferrenha e abandoná-lo, a fim de que morra. Lá vai Urias carregando em uma carta a sentença de sua morte. E assim acontece. E assim faz Davi, ao saber que Urias está morto: leva Betsabeia para dentro do palácio (2 Samuel 11).

No palácio há um profeta, Natã. Embora seja profeta da corte, mantém firme o propósito de proteger a verdade, sem olhar a quem. Na condição de profeta, faz parte de um grupo muito próximo ao rei, não só aconselhando, mas também exercendo sobre ele grande influência. Mais tarde, Natã, em acordo com Betsabeia, será determinante na corrida sucessória, colocando no trono Salomão, filho de Betsabeia, em detrimento de Adonias, primeiro candidato na sucessão real.

Andando pelo palácio, como quem não quer nada, Natã dá de cara com o rei Davi. E vai contando-lhe uma história. Na verdade, a história é uma armadilha, pois envolve a missão do rei (administração da justiça) em nível interno, isto é, defender o pequeno contra a ganância do poderoso.

A história é muito simples. Havia dois homens, um possuidor de inúmeras ovelhas, e outro, com uma só. Para acolher bem uma visita que chegou a sua casa, o homem rico tomou a única ovelha do pobre, a fim de preparar um almoço para a visita.

Imediatamente, Davi dá a sentença, pois não tem outra saída a não ser julgar e defender o pequeno. "Esse homem deve morrer", sentencia. "Esse homem é você", arremata o profeta. Ambos estão exercendo sua função: o rei deve julgar, e o profeta, denunciar.

A armadilha funciona, pois Davi é suficientemente inteligente para entender que ele é o homem rico, Urias é o pobre, e a ovelha é Betsabeia. Davi é também suficientemente humilde para reconhecer o erro, arrepender-se e pedir perdão.

Mais uma coisa. Também nesse episódio, a característica mais importante do profeta é sua capacidade de denunciar os desmandos do rei. E com essa chave de leitura podem ser analisados todos os profetas "escritores". Adiante tentaremos fazer isso.

4
A denúncia nos profetas "não escritores"

A classificação dos profetas em "escritores" e "não escritores" é usada, porém, inadequadamente. Na falta de algo mais preciso, vai essa mesma. Praticamente, nenhum profeta – exceção feita a Jeremias – deixou algo escrito. Costuma-se designar como "escritores" aqueles profetas que emprestaram seu nome a algum livro (por exemplo, Amós), e "não escritores" são aqueles, cujo nome não consta como título de um livro bíblico (por exemplo, Elias).

O fato de os profetas não escreverem suas palavras chama atenção. Perguntamos: como, então, conservaram-se e foram transmitidos por escrito os pensamentos dos profetas?

A perplexidade de alguns é devida à ideia de que os profetas viviam sozinhos, isolados. Isso não é verdade. O profeta vivia no meio do povo – geralmente povo pobre e injustiçado – e era seu porta-voz. Quando falava, era em nome do povo por ele representado. Os pronunciamentos do profeta causavam tal impacto a ponto de serem conservados na memória das pessoas que, mais tarde, para não perderem essa riqueza, puseram por escrito aquilo que se conservava na memória do povo. Mais: os textos, uma vez escritos e conservados, eram, muitas vezes, corrigidos, atualizados, recebendo acréscimos. Todos os livros proféticos sofreram esse processo. E, muitas vezes, acrescentaram-se textos que falam de esperança, renovação etc. Esses textos acrescentados não constavam inicialmente nas palavras do profeta. Por isso se torna arriscado tomar esses acréscimos como síntese daquilo de que tal profeta falou.

Isso dito, precisamos abaixar a poeira levantada por tal afirmação. Geralmente – sobretudo nas pinturas –, estamos acostumados a imaginar o profeta como alguém recebendo do Espírito as palavras e as frases já prontas, de modo que o profeta seria apenas um repetidor. O que pensar disso? Esse modo de ver os fatos é fruto de uma inspiração mecânica. O Espírito, que move os profetas, não oferece tudo mastigado, pois respeita a criatividade e a inteligência humanas. Ele não dita. A palavra do profeta não é ditado. Vamos ver se nos ajuda um pensamento de Amós (3,7): "Pois o Senhor Javé não faz coisa alguma sem antes revelar seu segredo a seus servos, os profetas".

Aí está. Em primeiro lugar, Deus revela seu segredo ao profeta, isto é, mostra-lhe o núcleo (sentido) central de determinado fato e deixa o profeta livre para explicitar esse fato, apesar de seus limites, pois o profeta é devedor de uma época, cultura etc.

1. O "Homem de Deus" x O rei Jeroboão

O cruel elenco dos "direitos" do rei, visto anteriormente, terminava de modo trágico, denunciando que o monarca acabaria escravizando o próprio povo. Isso se tornou triste verdade com Salomão, que submeteu o povo aos trabalhos forçados (corveia). À queima-roupa surge, quase espontaneamente, a pergunta: de que vale ser rei de grande império como Salomão, se seu povo amarga a escravidão?

Salomão morreu em 931, deixando a Roboão, seu único filho (não obstante as cerca de mil mulheres!), um império prestes a esboroar. Em Siquém, o povo fez Roboão ouvir sua queixa, dizendo-lhe: "Teu pai [Salomão] tornou pesado o nosso jugo; agora, alivia a dura servidão de teu pai e o jugo pesado que ele nos impôs, e nós te serviremos" (1 Reis 12,4). Sabe que resposta ele deu, depois de rejeitar o conselho dos anciãos para acatar o conselho dos companheiros jovens? Ele

4. A denúncia nos profetas "não escritores"

disse (12,14): "Meu pai tornou vosso jugo pesado, eu o aumentarei ainda; meu pai vos castigou com açoites, eu vos castigarei com escorpiões". Foi a gota d'água.

Entre os descontentes havia um chefe chamado Jeroboão. Ele reuniu dez das doze tribos, e formaram o Reino do Norte, também chamado de Israel, às vezes Efraim e ainda José. No Sul, ficou a tribo de Judá (que anexou à tribo de Simeão), tornando-se o Reino de Judá. Seu primeiro rei foi o filho único de Salomão e descendente de Davi, segundo a promessa que Deus lhe fez de manter no trono sempre um sucessor de Davi (veja 2 Samuel 7).

No Norte, os reis eram quase sempre militares, que tomavam o poder mediante golpe de Estado. O primeiro rei foi Jeroboão. Vendo que o Sul não admitia a separação e fazia tudo para voltar ao império, Jeroboão tomou medidas drásticas para que o povo do Norte não fosse a Jerusalém levando divisas para fora do país. Decidiu então mudar várias coisas, entre elas: o calendário litúrgico com suas festas em datas diferentes, nomeou sacerdotes ilegítimos (isto é, sacerdotes que não eram descendentes de Levi; exerciam sua função nos lugares altos) e construiu dois santuários nacionais, colocando em cada um deles um bezerro de ouro: um em Betel, no sul do Reino, perto da fronteira com Judá; outro no extremo norte, em Dã, de sorte que o povo ia a um ou outro santuário, deixando de frequentar Jerusalém.

De agora em diante até o ano 538 (fim do exílio na Babilônia), chamaremos *judaítas* os habitantes do Reino do Sul, também conhecido como Judá. Pois bem, os judaítas nunca aceitaram nem perdoaram as medidas separatistas do Norte. É aqui que entra o "Homem de Deus" (título dado também a outros profetas). Chegando ao santuário de Betel, pegou o rei Jeroboão com a mão na massa, ou seja, surpreendeu-o junto ao altar oferecendo sacrifícios, função reservada aos sacerdotes descendentes de Levi. A denúncia não se fez esperar: "Altar, altar! Assim fala Javé. Eis que da casa de Davi nascerá um filho chamado Josias, que imolará sobre ti os sacerdotes dos lugares altos que sobre ti ofereceram incenso, e ele queimará sobre ti ossadas humanas" (1 Reis 13,2). O que o Homem de Deus denunciou? A ilegalidade do santuário, do sacerdócio, do altar e dos sacrifícios de Betel (como fez mais tarde o profeta Amós), além da ausência de legitimidade na realeza de Jeroboão.

Na sequência, a História Deuteronomista desaprovou todos os reis do Norte pelos motivos já citados. A atitude de Jeroboão foi chamada de "pecado de Jeroboão", e todos os reis que lhe sucederam foram acusados de cometer esse pecado.

2. Elias x Acab + Jezabel

Elias era o modelo dos profetas. Quando, por exemplo, no Novo Testamento é citado junto com Moisés, os dois são tomados como sinônimos do Antigo Testamento. Arrebatado em um carro de fogo, na crença popular, devia voltar como precursor da vinda do Messias. Ainda hoje é celebrado e cantado no judaísmo com essa característica. A Bíblia lhe dedica oito capítulos (1 Reis 17 a 2 Reis 2), e sua história é completa, formando o ciclo de Elias. Viveu e exerceu o profetismo no Reino do Norte no tempo do rei Acab, casado com Jezabel, filha de Etbaal, rei da cidade fenícia chamada Sidônia. A capital do Reino do Norte era a cidade de Samaria, onde Acab governou de 874 a 853. Jezabel introduziu no Reino do Norte o culto ao deus fenício Baal, e essa religião contaminou fortemente o país, a ponto de Elias queixar-se com Deus porque sobrou apenas ele, ao passo que os sacerdotes de Baal, reunidos no monte Carmelo, somavam quatrocentos e cinquenta. No dia a dia, eram alimentados por Jezabel.

Quem era Baal? Era figura complexa, pois o nome significa "senhor", e há muitos senhorios por aí. O Baal mais importante era considerado senhor da natureza e da fecundidade (qualquer espécie de fecundidade), sobretudo a da terra. Nas quatro estações do ano, temos um ciclo completo da natureza, alternando-se outono/inverno (morte da natureza) e primavera/verão (renascimento). Se não chover, tudo seca e morre; com o retorno da chuva, tudo renasce e frutifica. De acordo com essa lógica, Baal tornou-se senhor da fecundidade, e a chuva caindo sobre a terra era seu sêmen fecundante.

E a briga entre Elias e Acab + Jezabel era justamente causada pela falta de chuva, ou seja, a estiagem. Quem era o culpado por essa longa "morte" da natureza? Acab, que no momento estava preocupado apenas em achar pasto para os cavalos e burros (18,5), acusou Elias, chamando-o de "flagelo de Israel" (1 Reis 18,17), e Elias acusou Acab, devolvendo-lhe a culpa: "O flagelo de Israel és tu e tua família, porque abandonastes os mandamentos de Javé e seguiste os baais" (18,18). E lançou o desafio, conhecido como o episódio do monte Carmelo.

O episódio pôs frente a frente os sacerdotes de Baal e o profeta Elias. Uns e outro deviam invocar o próprio deus, e aquele que respondesse, positivamente consumindo o animal oferecido em sacrifício, seria reconhecido como o Deus verdadeiro. E quem respondeu positivamente foi Javé, o Deus que havia sido banido do país por iniciativa de Jezabel. E a chuva veio abundante, sinal de que os culpados eram Acab + Jezabel, promotores do culto a Baal.

O baalismo foi derrotado, e seus sacerdotes acabaram mortos. Isso irritou de tal forma a corte, a ponto de Jezabel decretar a morte do profeta Elias. Ele fugiu para o sul e foi até o monte Horeb, conhecido também como Sinai. E lá fez uma experiência extraordinária de Deus.

3. Eliseu e a troca de rei

Eliseu foi o sucessor de Elias. Dele também temos um ciclo completo. Sua história é narrada em 2 Reis de 2 a 14, bem mais extensa que a de Elias. Também, na prática, Eliseu cumpriu ações extraordinárias, mais que seu antecessor, verificando-se mais uma vez que o discípulo supera o mestre.

O Reino do Norte foi agraciado com esses dois eminentes profetas, tão unidos a ponto de Eliseu realizar aquilo que Deus havia confiado a Elias, a saber, ungir Hazael, como rei de Aram, e ungir Jeú como rei de Israel. Notemos um detalhe: a atividade profética de Eliseu, superando a de Elias, alcança dimensão internacional com a unção de Hazael. Por quê?

Quando estava para ser arrebatado, Elias disse a Eliseu: "Pede o que queres que eu faça por ti antes de ser arrebatado de tua presença" (2 Reis 2,10). E Eliseu foi muito ousado ao pedir dupla porção do espírito do mestre.

Dupla porção era a herança concedida ao primogênito. Portanto, Eliseu pediu o dobro do espírito que agia em Elias, sinal de que foi visto como filho primogênito de Elias. Daí a necessidade de ampliar a narrativa de suas intervenções milagrosas.

5
Os Profetas "Escritores"

1. Observações preliminares

O painel ou sequência dos profetas "escritores" (já explicamos o sentido dessa expressão) obedece a algumas regras.

1. Após indicar o nome, procurou-se situar o profeta na linha do tempo, ou seja, mostrar a provável data de sua atuação. Isso se torna importante, pois fatores internos e externos interferem e interagem com o texto e a vida do profeta. Com esse detalhe, chega-se à constatação da época em que as denúncias dos profetas se tornaram mais agudas.

2. Após tentar conhecer o profeta no âmbito de sua fala, quando possível, procuramos saber se pertencia ao Reino do Norte ou do Sul. E aqui uma grande surpresa: exceção feita a Oseias, todos os profetas eram do Sul. É, portanto, necessário recordar o que os sulistas pensam e dizem dos nortistas. Como já mostramos, no Sul há desprezo generalizado pelos do Norte. E, nesse elenco em que se localiza o profeta, o Norte não é lugar de profetas.

Veja que coincidência

No tempo de Jesus, segundo o Evangelho de João, percebe-se forte preconceito em relação ao pessoal do Norte. Citamos dois exemplos. O primeiro: quando Filipe anuncia a Natanael ter encontrado "Jesus, o filho de José, de Nazaré", Natanael responde com todo o preconceito que carrega: "De

Nazaré pode sair algo de bom?" (João 1,45-46). O segundo é quando, no Sinédrio, os fariseus maltratam os guardas enviados para prender Jesus, porém voltam sem trazê-lo. Aí se encontra Nicodemos, membro do Sinédrio, tentando acalmar os ânimos exasperados dos membros do Supremo Tribunal. Ele recorda que não se costuma condenar uma pessoa sem antes ouvir o que ela tem a dizer em sua defesa. Sabem o que lhe respondem? Com desprezo chamam Nicodemos de galileu e de ignorante, que não se dá conta que da Galileia não surge profeta (João 7,40-52). Estranha coincidência, não?

3. Um aspecto muito importante é conhecer o lugar social do profeta, ou seja, conhecer onde e com quem habita, os lugares que frequenta, se está ligado à corte ou se pertence àqueles que são profetas por profissão, contratados pelo palácio, de quem são porta-vozes. E aqui mais uma surpresa e unanimidade: todos os profetas "escritores" são periféricos, mesmo os que moram em Jerusalém. Seu lugar é nas periferias, com os camponeses, com os excluídos.

4. No painel dos profetas "escritores" não incluímos os seguintes livros: *Daniel* (não é profeta, mas apocalíptico); *Lamentações* (não é texto profético. Como o próprio título diz, trata-se de lamentação); *Baruc* (também não é texto profético. Mistura gêneros literários); *Jonas* (também não é texto profético. É uma novela, sem fundamento concreto; poderíamos dizer que se trata de ficção). Por outro lado, desmembramos em três o longo livro do profeta Isaías, pois com certeza se trata de vários autores em épocas diferentes. Grosso modo, pode-se seguir esta indicação: Isaías 1-39; Isaías 40-55; Isaías 56-66). A época de cada um é, respectivamente, antes do exílio na Babilônia; durante o exílio babilônico; depois do exílio, de volta a terra.

5. Finalmente, sem a pretensão de esgotar o assunto, procura-se uma mensagem-síntese do pensamento do profeta. Tarefa muito difícil, pois para tanto é preciso conhecer razoavelmente bem o profeta que está sendo estudado. Às vezes, há mais de um tema a ser salientado. Por isso tomamos esse item com cautela e humildade, reconhecendo que precisamos aprofundar mais a mensagem dos profetas.

A sequência pretende ser cronológica, começando com Amós e terminando com Malaquias. Porém há profetas, cuja localização no tempo é extremamente difícil, para não dizer impossível. A paciência e a compreensão são bons remédios em situações semelhantes.

2. Os profetas "escritores" passo a passo

2.1. Amós

Situando. É o mais antigo profeta "escritor". Sua atividade profética se realizou durante o reinado de Jeroboão II, rei do Norte, que reinou por volta de quarenta anos (783-743). Calcula-se por volta de 750. Jeroboão foi militar competente. Durante seu reinado, o Reino do Norte se expandiu como nunca. O comércio com as outras nações florescia, infelizmente em detrimento dos pequenos; as pessoas do campo, pois, exportavam alimentos para importar quinquilharias e bugigangas para deleite dos ricos, prejudicando o trabalhador empobrecido. (Outras informações em Oseias, pois os dois viveram muito próximos.) Amós era do Sul, mas foi enviado a profetizar contra o rei Jeroboão II (Norte), denunciando suas agressões à vida e desmascarando o santuário de Betel, onde se praticava um sacerdócio ilegítimo (veja anteriormente, 4.1.), favorecedor e praticante de uma religião que apoiava o rei e sua política.

Lugar social. Amós era vaqueiro e cultivador de figos. Portanto, alguém ligado à terra e a seus dependentes. O sacerdote de Betel o expulsou chamando-o de visionário, e ele se defendeu afirmando não ser profeta profissional nem ter recebido hereditariamente a profecia (7,12-14). Na primeira visão do capítulo 7, o profeta viu a devastação do feno de segundo corte (o primeiro pertencia ao rei; o segundo era do povo). A súplica para que essa devastação não acontecesse era outra prova de que Amós estava sintonizado com o povo empobrecido, tornando-se seu porta-voz.

Mensagem. Foram muitos os detalhes que caracterizaram esse profeta: sentiu-se "agarrado" por Deus (7,15); profetizar não era opção dele, mas vontade imutável de Deus (3,8). O profeta viu aproximar-se a deportação do Reino do Norte (acontecida em 722). Denunciou os crimes internacionais (capítulos 1 e 2). Denunciou os que compravam os pobres por um par de chinelos. Denunciou os desmandos de Jeroboão II e a religião que sustentava essa política, como se fosse a vontade de Deus.

2.2. Oseias

Situando. Praticamente contemporâneo de Amós, Oseias foi o único profeta "escritor" que nasceu e profetizou no Reino do Norte. Portanto, também viveu tudo o que se referiu a Amós. Além disso, é preciso levar em conta este aspecto: para expandir seu território, Jeroboão II precisava de soldados, cavalaria e armas. Para obter forças militares jovens, incentivou as festas agrícolas ligadas à fecundidade da terra, dos animais e das pessoas (8,8-10). A certeza dele era que nove meses depois de uma festa nasciam muitos meninos, que, menos de duas décadas depois, iriam engrossar as fileiras do exército. Também esse profeta teve de lidar com uma religião que apoiava essa política, que ele chamava "prostituição". E, para caracterizar esse aspecto, Deus lhe pediu para casar com uma prostituta infiel, metáfora do comportamento do Reino do Norte em relação a Javé: "Não te alegres, Israel, não exultes como os povos! Porque tu te prostituíste longe de teu Deus, amaste o salário de prostituta em todas as eiras de trigo" (9,1). Javé, na pessoa do profeta, fez tudo para reconquistar a traidora esposa, ao passo que ela atribuiu o que possuía aos baais, divindades ligadas à fecundidade.

5. Os Profetas "Escritores"

Lugar social. Oseias, sem sombra de dúvida, estava ligado ao povo da roça, que sofria por causa da política agressora da vida, mantida pelo rei com o apoio da religião (5,1). Talvez ele próprio tenha sido trabalhador rural, sentindo na pele o que é trabalhar e não ver o resultado de seu suor. Já o fato de não concordar com a política do palácio é suficiente para situá-lo na periferia, sendo porta-voz dos trabalhadores rurais injustiçados. Acrescentem-se ainda as várias imagens tiradas da vida no campo: são no mínimo sinal de simpatia para com aquele estilo de vida.

Mensagem. Quem lê Oseias fica impressionado com a paciência, a criatividade e ternura com que o esposo busca reconquistar a esposa infiel: "Eis que, eu mesmo, a seduzirei, conduzi-la-ei ao deserto e falar-lhe-ei ao coração. Dali lhe restituirei suas vinhas, e o vale de Acor será uma porta de esperança. Ali ela responderá como em seus dias de juventude, como no dia em que subiu da terra do Egito" (2,16-17). O drama do profeta é metáfora de nossa relação com Deus. O exílio para o Reino do Norte estava às portas, e o marido não queria ver sua esposa ser levada ao cativeiro. Mas se fosse, seria por exclusiva responsabilidade dela: "Ai deles, que fugiram de mim! Desolação para eles, que se rebelaram contra mim. Eu os queria libertar, mas eles proferem mentiras contra mim" (7,13).

2.3. Isaías 1-39

Situando. O extenso livro de Isaías é, grosso modo, trabalho de três autores diferentes em épocas diferentes: Isaías 1-39; Isaías 40-55, que recebeu o nome de Segundo Isaías ou, mais sofisticadamente, Dêutero-Isaías; Isaías 56-66, chamado Trito-Isaías. A época de cada um é diferente, respectivamente: antes do exílio na Babilônia; durante o exílio; depois do exílio. O primeiro Isaías recebeu a vocação profética no ano 740, quando o rei de Judá era Acaz (736-716). Foi durante esse reinado que aconteceu a guerra siro-efraimita: o rei de Damasco, chamado Rason, e o rei do Norte (Faceia) resolveram atacar o Reino do Sul. Isaías foi ao encontro de Acaz, que planejava pedir ajuda internacional para resistir ao ataque. Isaías lhe propôs pedir um sinal que certificasse a presença protetora de Deus nessa situação. Mas Acaz se recusou a pedir com a desculpa que seria importunar a Deus. Isaías, então, ofereceu em nome de Deus um sinal: uma jovem conceberia e daria à luz um menino, chamado Emanuel (Deus conosco). A vocação profética de Isaías aconteceu em uma celebração solene no Templo, durante a qual se cantava o Salmo 99 (Isaías 6,1 e seguintes). Logo o profeta se dirigiu aos responsáveis principais pelo mal que estava acontecendo no país: "Ai da nação pecadora, do povo cheio de iniquidade! Da raça dos malfeitores, dos filhos pervertidos. Eles abandonaram Javé, desprezaram o Santo de Israel..." (1,4). Chamou as autoridades político-religiosas de "chefe de Sodoma" e "povo de Gomorra" (1,10). A cidade-esposa de Javé (Jerusalém) se transformou em prostituta! Sião, onde prevalecia o direito, onde habitava a justiça, estava povoada de assassinos (1,21). E assim prosseguiu em sua denúncia (leia o poema da vinha em Isaías 5).

Lugar social. Apesar de frequentar o palácio, quando Isaías se encontrou com as lideranças político-religiosas, não se calou, pois as injustiças, a corrupção e muitos outros malefícios tinham suas raízes plantadas no poder mal-usado e provocador de sofrimento para os pequenos.

Mensagem. É difícil sintetizar a mensagem desse grande profeta. Quando Deus o chamou, ele participava de celebração no Templo, e, durante essa celebração, cantava-se o Salmo 99, conhecido como triságio (três vezes santo). Isaías era apaixonado defensor da santidade de Deus. Por isso enfrentou todas as situações, nas quais a santidade de Deus foi ou está sendo comprometida.

2.4. Miqueias

Situando. É durante o reinado de Joatão em Judá (740-722) que Miqueias inicia a atividade profética. O Reino do

5. Os Profetas "Escritores"

Norte está prestes a desaparecer (ano 722/721: queda da capital, Samaria). Isaías está em plena atividade profética, e os dois profetas têm muito em comum. Se Isaías era da capital (Jerusalém), Miqueias é de Morasti, mais ao sul, uma região chamada Sefelá, cuja característica é a presença de montanhas e vales muito férteis. Na Sefelá, há muitas cidades fortificadas. É em parte contra elas que o profeta faz suas denúncias. Entre os destinatários dessas acusações, lendo o livro desse profeta, encontramos ricos gananciosos que cobiçam algo que não é deles, eles o tomam (2,1-2); credores impiedosos: os pequenos têm de hipotecar tudo o que possuem (2,2; 7,2); comerciantes ladrões: falsificam as balanças e os pesos (6,11); famílias divididas (2,9); profetas e sacerdotes gananciosos (2,6; 3,5-7.11; 3,11); autoridades tiranas: odeiam o bem e amam o mal (3,1-2; 3,9-10; 73); e juízes corruptos: julgam por suborno (3,11; 7,3).

Lugar social. O livro mostra Miqueias familiarizado com temas ligados a terra. Isso nos leva a crer em algo superior à mera simpatia pela roça, e esse algo seria sua pertença ao povo do interior e empobrecido. Campos, semear e colher, colheitas de verão, parreiras, mosto, vinho, rebuscos da colheita das uvas, cacho de uva, feixe de trigo, eira, rebanho, pastores novilhos, carneiros, azeitonas e azeite, todo esse campo semântico nos leva a crer em Miqueias como porta-voz dos camponeses, que buscam a justiça diante de situação generalizada de corrupção.

Mensagem. A primeira parte do livro é uma peça baseada em uma sessão de júri (1,2-3,12). Aí estão presentes a plateia, o presidente do tribunal, o promotor (promotor: o profeta), o acusado, acusação, sentença, executores da sentença. Fica famoso um episódio de Miqueias, citado por ocasião da visita dos magos ao menino Jesus (Mateus 2,1-12). É tomado de Miqueias 5,1-3: "E tu Belém-Éfrata, pequena entre os clãs de Judá, de ti sairá para mim aquele que governará Israel. Suas origens são de tempos antigos, de dias imemoráveis. Por isso ele os abandonará até o tempo em que a parturiente dará à luz. Então o resto de seus irmãos voltará para os israelitas. Ele se erguerá e apascentará o rebanho pela força de Javé, pela glória do nome de seu Deus. Eles se estabelecerão, pois então ele será grande até os confins da terra".

2.5. Sofonias

Situando. O começo do livro traz informação preciosa: Sofonias exerceu sua missão profética no tempo de Josias, rei de Judá (640-609). O que fez Josias? Retomando a fracassada reforma de seu antecessor, rei Ezequias promoveu a mais importante reforma político-religiosa do Antigo Testamento. Ela foi sustentada, porque encontrou-se, no Templo, uma cópia do livro da Lei – provavelmente a parte central do Deuteronômio. A profetisa Hulda confirmou a autenticidade do texto, e a reforma começou. Provavelmente, ela teve a ver com estas palavras de Javé, transmitidas por Sofonias (1,4-6): "Vou estender minha mão contra Judá e contra todos os habitantes de Jerusalém. Vou destruir deste lugar o resto de Baal, o nome dos sacerdotes dos ídolos, aqueles que se prostram nos terraços das casas diante do exército dos céus, aqueles que se ajoelham diante de Javé, mas juram por Melcom (deus dos amonitas, aqueles que se afastam de Javé, não o procuram nem o consultam)". A questão, portanto, foi a transformação de Javé em ídolo, igual aos outros ídolos das nações. Nós chamaríamos isso de sincretismo religioso. E note-se a presença de sacerdotes nesse meio. Foram culpados não só os sacerdotes, mas também a elite governante (1,8-9): "No dia do sacrifício de Javé, visitarei os príncipes, os filhos do rei e aqueles que vestem roupas estrangeiras. Visitarei todos os que saltam o Degrau, todos os que enchem a casa de seu senhor com violência e fraude". Isso aconteceu por volta do ano 600. No plano internacional, Judá se encontrava em um fogo cruzado entre dois impérios: Egito e Babilônia. E um rei assírio sobrevivente. O Faraó queria coligar-se com esse rei para combater os babilônios. Josias, para ganhar a simpatia dos babilônios, tentou barrar o exército egípcio que atravessava o país. Meguido, perto do monte Carmelo, seria bom lugar para deter o exército do Faraó. Porém, quem encontrou a morte em Meguido foi Josias, e esse lugar se tornou símbolo de derrota total (Harmagedon).

Lugar social. A crítica e a denúncia das elites violentas e ladras supõem que Sofonias nada tenha em comum com elas. Portanto, seu lugar social deve ser a periferia e isso vale para todos os profetas "escritores"; foram certamente os pobres que conservaram suas palavras e ações, pois as elites denunciadas não guardariam coisas que depusessem contra elas.

Mensagem. "Deixarei em teu seio um povo humilde e pobre, e procurará refúgio no nome de Javé o Resto de Israel. Eles não mais praticarão a iniquidade, não contarão mentiras; não se encontrará em sua boca língua dolosa. Sim eles apascentarão e repousarão sem que alguém os inquiete" (3,12-13).

2.6. Jeremias

Situando. Jeremias recebeu a missão profética em 627 e, até o fim, experimentou o peso dessa responsabilidade. Desde o começo, reagiu negativamente, pois a missão seria um martírio constante. De fato, sua missão foi caracterizada por seis verbos, quatro dos quais com sentido negativo (1,10): arrancar, destruir, exterminar, demolir, construir, plantar. Jerusalém vivia constantemente sob a ameaça de tomada por parte dos babilônios, e o profeta tinha de anunciar aquilo que parecia absurdo: entregar-se aos babilônios e, assim, salvar a vida! Descendente de sacerdotes, porém vivendo no interior (Anatot), foi mandado por Deus à porta principal do Templo para denunciá--lo e dizer que o Templo tinha seus dias contados. A imagem terna da relação Javé-povo foi transtornada: Jeremias não pôde ir a uma festa, porque a alegria que Javé sentia com sua esposa desapareceu. O profeta não pôde ir ao velório, onde o coração das pessoas se amolecia de compaixão e solidariedade, porque Deus não tinha mais compaixão de seu povo. Considerando-se enganado e traído por Deus, derramou suas queixas nas famosas "confissões" (veja, por exemplo, 20,7 e seguintes). Sua explícita postura a favor da rendição lhe valeu sofrimento, como ser jogado em um poço e sentindo seu corpo afundando lentamente na lama. E tem muito mais.

Lugar social. Jeremias foi coerente por toda a vida ao contato com os pequenos e pobres e à denúncia das injustiças cometidas pelas elites. Quando os babilônios tomaram Jerusalém (587/6), foi-lhe oferecida a possibilidade de escolher onde ficar: em Babilônia, bem tratado por ter anunciado a rendição, ou na própria terra junto com os idosos, inválidos, pobres, doentes. Isso não lhe custou sacrifício, pois a escolha estava feita desde o início. Ficou na terra. Mas, quando o governador da Judeia, deixado pelos babilônios, foi assassinado, o profeta foi levado ao Egito pelo grupo que fugia para não ser massacrado pelos babilônios.

Mensagem. É difícil sintetizar a vida de Jeremias com suas variantes e surpresas. Gosto de uma frase que, em parte, sintetiza a missão profética: "Quando se apresentavam palavra tuas, eu as devorava; tuas palavras eram para mim contentamento e alegria de meu coração. Pois teu Nome era invocado sobre mim, Javé, Deus dos exércitos" (15,16). Também esta: "Porque a palavra de Javé tornou-se para mim vexame e engano todo dia. Quando pensava: 'Não me lembrarei deles, já não falarei em seu Nome', então isto era em meu coração como fogo devorador, encerrado em meus ossos. Estou cansado de suportar, não aguento mais!" (20,8b-9).

2.7. Habacuc

Situando. Provavelmente seja esse o livro profético mais difícil de ser situado no tempo e no espaço. O leitor fica sem resposta quando pergunta acerca da época de Habacuc, onde

5. Os Profetas "Escritores"

exerce a missão, quem são os principais personagens. Mas em parte isso não é mau, pois, não tendo bem definidos o espaço e o tempo, qualquer época poderá ser lida nessa perspectiva, pois o livro se encaixa bem em várias épocas. Vamos entender o conteúdo do livro. O que está acontecendo? Uma tremenda opressão, diante da qual o profeta tem de clamar. Mas quem está oprimindo a quem? Não temos certeza. Pode ser um rei oprimindo o povo, ou pode tratar-se de uma potência internacional oprimindo outra nação. Suponhamos que se trate de uma potência (por exemplo, um poderoso império) causando os piores males a um povo fraco, mesmo assim, não alcançaremos resposta exata. Suponhamos que o povo pobre seja o Reino de Judá, e a potência, um império, mesmo assim, pode-se perguntar qual império está envolvido, o assírio ou o babilônico. Se for o assírio, o povo oprimido pode, inclusive, ser o Reino do Norte. Mas se for o babilônico, a nação fraca só pode ser o Reino do Sul, pois a essas alturas o Reino do Norte já não existe. De acordo com esse raciocínio, pode-se supor que Habacuc seja do Sul e tenha vivido antes do exílio babilônico (iniciado em 586). A parte central do livro traz o diálogo entre o profeta e Javé. Habacuc está cansado de ver injustiças e denunciá-las e pergunta a Javé até quando isso vai durar. Deus lhe responde que suscitará alguém mais forte e poderoso, a fim de coibir os abusos do opressor. Habacuc fica perplexo e pergunta, com razão, se é possível acabar com a violência nomeando um ente ainda mais violento. Em nossa linguagem popular, diríamos que isso seria mais ou menos como nomear a raposa guardiã do galinheiro, ou encarregar o bode de cuidar da horta. Você concorda que a violência não acaba porque aparecem sempre mais violentos? Fazendo isso não se vai à raiz do problema. Deus responde ao profeta com uma frase capital, síntese de todo o livro: "O justo viverá por sua fé".

Lugar social. Por estar preocupado com a violência contra o fraco; por denunciar, até o cansaço, a ação dos violentos, Habacuc tem a periferia como lugar social, provavelmente do Reino do Sul, do qual seria porta-voz.

Mensagem. O centro da mensagem de Habacuc está na frase que acabamos de citar. E a frase é tão importante que Paulo a toma como título de sua tese na carta aos Romanos (1,16-17): "Na verdade, eu não me envergonho do evangelho; ele é a força de Deus para a salvação de todo aquele que crê, em primeiro lugar do judeu, mas também do grego. Porque nele a justiça de Deus se revela da fé para a fé, conforme está escrito: o justo viverá da fé".

2.8. Naum

Situando. Há poucas informações acerca da vida desse profeta. Simplesmente, diz-se que é natural de Elcós, aldeia situada no Sul, sem outras informações. O núcleo central de seu livro é a denúncia contra Nínive, uma das capitais do império persa. É praticamente impossível detectar a data dos acontecimentos aí narrados e quem acompanha esse processo. Tenhamos presente o seguinte: Naum, com sua denúncia, põe às claras a maldade de Nínive, representada pelas autoridades político-religiosas e lideranças do povo.

Lugar social. O fato de Naum denunciar os crimes da capital de um império o coloca, forçosamente, no meio do povo e como seu representante.

Mensagem. "Ai da cidade sanguinária e traidora, repleta de rapinas insaciável de despojos! Escutai: chicotes, estrépito de rodas, cavalos a galope, insaciável de despojos."

2.9. Ezequiel

Situando. Ligado ao Templo de Jerusalém por ser sacerdote, Ezequiel recebe a primeira revelação quando se encontra em Tel Abib, na Babilônia, junto ao rio Cobar (ano 593). Exerce a atividade profética inteiramente no exílio entre os anos 593 e 571. Os capítulos de 4 a 24 estão repletos de denúncias e ameaças anteriores à destruição do Templo. O profeta vê a Glória de Javé abandonar o Templo e ir para o exílio. Ezequiel profetiza não só com palavras, mas também com gestos simbólicos. Demonstra possuir linguagem forte, quase chula, para com isso despertar as consciências. Uma de suas funções é animar e preparar os judeus para o regresso à pátria, a fim de reconstruir a identidade do povo. Projeta nova partilha da terra e vê a vida do povo jorrar do Templo, simbolizada pela água que brota do altar do novo Templo.

Lugar social. Apesar de sacerdote, Ezequiel não tem o Templo como lugar social. Ele se encontra no meio do povo, pois o próprio Deus abandona o Templo e vai viver em meio aos exilados. Também a série de denúncias dos capítulos de 4 a 24 comprovam que não é aliado das elites. Pelo contrário, em seu livro, encontra-se uma das mais longas críticas contra os pastores (neste caso são os líderes políticos), que apascentam a si mesmos e tratam com descaso o rebanho, ou seja, o povo de Deus.

Mensagem. É difícil sintetizar Ezequiel com algumas palavras. Sem tal pretensão, recordo alguns trechos entre os mais significativos. "Ai dos pastores de Israel que apascentam a si mesmos..." (capítulo 34). "Assim diz o Senhor Javé a esses ossos secos: vou fazer com que sejais penetrados pelo espírito e vivereis..." (capítulo 37). "A água escorria de sob o lado direito do Templo, do sul do altar...". A água escorre para o lado oriental, desce para a Arabá e entra no mar. Ao entrar no mar, sua água se torna saudável. Em todo lugar por onde passar a torrente, os seres vivos que o povoam terão vida..." (capítulo 47).

2.10. Isaías 40-55

Situando. Os capítulos de 40 a 55 de Isaías pertencem a outro autor, que os especialistas chamam Dêutero-Isaías. O autor é desconhecido, porém não se desconhece o lugar de sua atuação profética: o exílio. Esses capítulos formam o "livro da consolação", assim chamado porque começa falando da consolação de Jerusalém, que paga os próprios erros e as infidelidades. O profeta antevê a volta do povo à pátria, onde poderá reconstruir sua identidade na liberdade e na posse da terra. Nesse sentido, o autor chega a mostrar Deus chamando de "ungido" a um general pagão, o rei Ciro, da Pérsia. De fato, logo mais Ciro vencerá o império babilônico e decretará o fim do exílio. Mas nem todos os que vão para o exílio decidem voltar a terra. Aqueles que se dão bem na Babilônia resolvem ficar por lá, cuidando dos próprios negócios. Quem volta são os pobres, aqueles que Sofonias havia chamado de "pequeno Resto". Apesar disso, o Dêutero-Isaías descreve a saída do cativeiro babilônico como algo apoteótico, muito mais espetacular que o êxodo da escravidão egípcia. São importantes nesse autor os "Cânticos do Servo de Javé", que nós, cristãos, escutamos na liturgia da semana santa. A figura misteriosa do Servo contempla várias tentativas de interpretação. Mas desde os primórdios do cristianismo, os cristãos veem nesse Servo a figura do Senhor Jesus na história de sua paixão.

Lugar social. Evidentemente, o lugar social desse autor não deixa dúvidas: é alguém que convive com os compatriotas que perdem a liberdade. É para essas pessoas que ele tem palavras de encorajamento e ânimo e o tornam porta-voz dos pequenos, pobres e escravizados.

Mensagem. É possível que alguém escravize o corpo de outra pessoa. Mas é impossível escravizar-lhe a alma, porque ela é uma centelha de Deus, e Deus é liberdade absoluta. "Não há mal que sempre dure", dizemos nós, e o fim do exílio o comprova. Examinando a história do povo de Deus no Antigo Testamento, descobrimos que, desde 800 antes de Cristo, o povo de Deus está, de alguma forma, sob a dominação de um império estrangeiro até depois da chegada de Jesus. Mas o povo judeu, apesar de tantos percalços, faz das sucessivas dominações estrangeiras um desafio para pensar e crer mais alto e mais forte, de modo que, como o deserto no tempo de Moisés, também o cativeiro na Babilônia se torna o útero no qual é gestado o sonho de liberdade.

5. Os Profetas "Escritores"

2.11. Ageu

Situando. Os persas, assim que venceram os babilônios, deram liberdade aos exilados. Foi assim que, por decreto do rei dos persas, chamado Ciro, os judeus puderam retornar à própria terra. Contudo, a dominação persa continuou subjugando a Judeia mediante algumas imposições, a saber: os judeus não podiam se organizar politicamente; a religião continuava sendo praticada com total liberdade e até com o incentivo e patrocínio dos persas; os judeus deviam pagar pesado tributo em prata aos persas etc. Entre aqueles que decidiram voltar à pátria, havia dois grandes líderes: o escriba Esdras e o governador Neemias. Não podendo organizar-se politicamente, os judeus concentraram sua identidade em três realidades básicas: o Templo, a Lei e a Raça. Nascia assim o judaísmo. Desse modo, entendemos por que a construção do Templo carregava consigo grande responsabilidade. Ageu tinha a seu lado, lutando pelos mesmos objetivos, o profeta Zacarias. O Templo finalmente ficou pronto (ano 515). Fundamentais foram as palavras de incentivo do profeta Ageu (e Zacarias). As colheitas fracas e a ausência de prosperidade, segundo ele, foram causadas pelo desinteresse do povo na reconstrução do Templo. Breve, porém fundamentalmente decisiva, foi a intervenção da profecia de Ageu, que denunciou a postura de muitos que só pensavam no próprio interesse: ela começou a 27 de agosto de 520, terminando no dia 18 de dezembro do mesmo ano.

Lugar social. Instalados na Judeia, aqueles que voltaram do exílio encontraram uma realidade desoladora: tudo deveria ser refeito. Aquilo que se viu era muito diferente daquilo que Isaías 40-55 anunciou. O povo começou então a construir, plantar..., ou seja, atender às necessidades básicas da vida, a fim de poder sobreviver. Convivendo com essa realidade, Ageu estimulou o povo a buscar algo mais, a própria identidade como povo, representada pelo Templo. Se não estivesse preocupado com isso, certamente teria permanecido na Babilônia; caso tivesse voltado para a Judeia, buscaria o próprio interesse.

Mensagem. "Pensai em vosso coração, a partir deste dia e para o futuro. Antes de colocar pedra sobre pedra no santuário de Javé, o que vos tornais? Vinha-se a um monte de grão de vinte medidas, e havia apenas dez; vinha-se ao lagar tirar de uma cuba cinquenta medidas, e havia apenas vinte. Eu feri pela ferrugem, pela mela e pelo granizo todo trabalho de vossas mãos, mas não voltastes para mim, oráculo de Javé! Pensai bem a partir deste dia e para o futuro: resta ainda grão no celeiro? Também a vinha, a figueira, a romãzeira e a oliveira nada deram. A partir deste dia eu darei a minha bênção!" (Ageu 2,15-19).

2.12. Zacarias

Situando. Por ser contemporâneo de Ageu, tudo aquilo que se refere a este também pode ser atribuído a Zacarias. Ambos são da Judeia e incentivam a reconstrução do Templo como símbolo da identidade nacional. As lideranças judaicas pensam assim: "Já que os persas nos permitem expressar nossa fé e religião, vamos aproveitar essa brecha para fazer dela símbolo da nossa nação". Diferente de Ageu, que oferece um texto bem compacto e coerente, o livro de Zacarias parece tratar-se de "dois em um". De fato, os estudiosos concordam em separar o livro em duas partes: o Primeiro Zacarias (capítulos de 1 a 8) e o Segundo Zacarias (capítulos de 9 a 14). O Primeiro Zacarias está preocupado com o Templo, salientando a importância da atividade humana; o profeta trabalha com visões; o Segundo Zacarias demonstra desinteresse pelo Templo, salientando a importância da atividade divina. O profeta, para transmitir a mensagem, recorre a oráculos.

Lugar social. Também o lugar social de Ageu e Zacarias é o mesmo. Zacarias, porém, presenteia-nos com um texto que reforça o lugar social em que vivem: é o texto que fala do Messias cheio de mansidão (9,9).

Mensagem. "Exulta muito, filha de Sião! Grita de alegria, filha de Jerusalém! Eis que o teu rei vem a ti: ele é justo e vitorioso, humilde, montado sobre um jumento, sobre um jumentinho, filho da jumenta. Ele eliminará os carros de Efraim e os cavalos de Jerusalém, o arco de guerra será eliminado. Ele anunciará a paz às nações. Seu domínio irá de mar a mar e do rio às extremidades da terra" (9,9-10).

2.13. Abdias

Situando. O principal alvo da denúncia de Abdias – o mais breve livro profético – era o povo vizinho de Israel, conhecido como Edom. Esse era o apelido de Esaú, irmão gêmeo de Jacó, aquele que vendeu ao irmão o direito de filho primogênito, e depois encheu-se de raiva, querendo matar Jacó. Ao longo da história, as relações entre os dois povos parentes não foram boas, mas tensas e prestes a acabar em conflito. Por que Abdias se revoltou e se voltou contra o país vizinho e parente? O Salmo 137 tem a resposta. Quando os babilônios tomaram e destruíram Jerusalém e seu Templo, Edom ficou contente, fazendo coro com estas palavras: "Arrasai-a! Arrasai-a até os alicerces!" (Versículo 7). Não se tem certeza, mas parece que Edom agiu como se fazia naqueles tempos quando se travava guerra entre dois povos. Os comerciantes de escravos estavam a postos para comprar soldados derrotados e tê-los como escravos. Grupos de pessoas ficavam à espreita, a fim de recolher despojos de guerra, logo que o conflito terminasse. O profeta acusou Edom: "Naquele dia, tu estavas presente" (11a). Por trás dessa afirmação, é possível imaginar que, no dia da destruição de Jerusalém, lá estavam os edomitas para roubar objetos de valor, matar os fugitivos e vender os sobreviventes como escravos. E assim por diante. A atitude de Edom foi grave, pois se tratava de violação da fraternidade, cimento que deveria amalgamar as relações entre as duas nações irmãs.

Lugar social. Apesar de Israel nunca ter cultivado com Edom relações de amizade, colaboração e respeito, pelo contrário, o rei Davi conquistou o território edomita, o texto mostra o profeta solidário com os desfavorecidos pela desgraça que se abateu sobre Israel.

Mensagem. A desgraça do vizinho pode ser a minha amanhã. Nunca se deve fazer festa porque nosso adversário sofreu algum revés, pois esse tipo de alegria traz dentro de si um vírus maligno. E quem o tem dentro logo verá as consequências (veja Baruc 4,9 e seguintes).

2.14. Joel

Situando. Indicações de tempo e lugar estão ausentes nesse pequeno livro, cujo autor se chama Joel (= Javé é Deus). Ao contrário do que fazem vários outros livros proféticos, mencionando, sobretudo no início, o rei que está governando, Joel se cala a respeito do rei. Alguns estudiosos veem nisso uma indicação de que, em sua época, já não existe monarquia. O livro, portanto, seria posterior ao exílio, terminado em 538. E calculam que tenha surgido por volta de 400. O livro de Joel me faz pensar em algumas obras de arte inacabadas: fascinantes porque estão inacabadas. E perguntar: o que suscita maior curiosidade: uma obra de arte inacabada ou uma completamente acabada? O ponto central da obra desse profeta é o aparecimento de uma ameaça que vem do Norte. Há quatro hipóteses: uma praga de gafanhotos; o império assírio, desaparecido em 612; o império babilônico, que ocupa o lugar do assírio e acaba derrotado pelos persas em 539; um perigo desconhecido por nós. Como se vê, é difícil situar no tempo a atividade profética de Joel.

Lugar social. A presença de Joel no meio do povo é realidade inconteste. Seja qual for o perigo que ameaça, ele permanece fiel e em companhia dos pequenos, os grandes prejudicados em casos semelhantes a essas hipóteses. O livro começa com longo apelo para que o povo volte para Javé, pois tudo está arrasado.

Mensagem. A parte mais conhecida desse livro é esta, que pode ser chamada de precursora do Pentecostes cristão (3,1 e seguintes): "Depois disto, derramarei o meu espírito sobre toda carne. Vossos filhos e vossas filhas profetizarão, vossos anciãos terão sonhos, vossos jovens terão visões. Até sobre os escravos e sobre as escravas, naqueles dias, derramarei o meu espírito. Porei sinais no céu e na terra, sangue, fogo e colunas de fumaça".

2.15. Isaías 56-66

Situando. Contemporâneo de Ageu e Zacarias, esse profeta anônimo da Judeia, assumiu nitidamente posição contra o fechamento do judaísmo. Este arriscava voltar aos tempos passados, quando Javé era visto e celebrado como o deus de uma raça, de uma terra, de uma nação. O autor desses capítulos é responsável pelo universalismo do Deus de Israel: Deus é um só e é para todos. O povo, para ele, é um só povo, a Javé pertence. Rompe-se, dessa forma, a visão estreita do judaísmo e abre-se o caminho para a chegada do Messias, que veio para todos. O judaísmo surgiu por volta de 430, quando Esdras promoveu longa leitura da Lei (Neemias capítulos 8 a 10). A terceira coluna que sustenta o judaísmo é a questão da raça. Na reforma feita por Esdras, todo judeu casado com mulher estrangeira devia mandá-la embora, bem como os filhos que ela teve. É nessa época que se ouviam vozes apelando para o bom senso, como fez o autor da novela de nome Rute e outros escritos.

Lugar social. Nitidamente, o autor desses capítulos defende os excluídos. Deus não precisa de defensores, mas os seres humanos, criando as próprias leis, às vezes excludentes, além de segregar povos, comete outro erro maior: produz uma caricatura de Deus. Portanto, diminuir pessoas ou grupos, no fim das contas, acaba respingando na imagem de Deus.

Mensagem. "Não diga o estrangeiro que se entregou a Javé: 'Naturalmente, Javé vai excluir-me de seu povo', nem diga o eunuco: 'Não há dúvida, eu não passo de árvore seca', pois assim diz Javé aos eunucos que guardam meus sábados e optam por aquilo que me é agradável, permanecendo fiéis à minha aliança: 'Eu lhes darei, na minha casa e dentro dos meus muros, monumento e nome mais preciosos do que teriam com filhos e filhas; dar-lhes-ei um nome eterno, que não será extirpado. Quanto aos estrangeiros, ligados a Javé para servi-lo, todos aqueles que observam o sábado sem profaná--lo, firmemente ligados à minha aliança, vou trazê-los ao meu monte santo e os cobrirei de alegria na minha casa de oração. Seus holocaustos e seus sacrifícios serão bem aceitos no meu altar. Com efeito, minha casa será chamada casa de oração para todos os povos" (Isaías 56,3-7).

2.16. Malaquias

Situando. Último profeta "escritor" do Antigo Testamento deve ter exercido sua missão profética (em Jerusalém) entre os anos 480 e 450. Não se sabe o nome dele, pois não se apresenta nem é apresentado. O nome Malaquias é tirado de uma expressão do início do capítulo 3. Desde cedo, convencionou--se chamá-lo Malaquias. O que estava acontecendo? Por que apareceu esse profeta? A organização do povo do ponto de vista religioso – única forma de organização permitida pela dominação persa – funcionava muito bem. O Templo cumpria suas obrigações, mas Deus não estava satisfeito com a conduta de seu povo, particularmente dos líderes religiosos, os sacerdotes. Deixemos que o próprio profeta nos ponha a par do que estava acontecendo. "Um filho honra seu pai, um servo teme seu senhor. Mas se eu sou o pai, onde está minha honra? Se eu sou o Senhor, onde está meu temor? Disse Javé dos Exércitos a vós, os sacerdotes que desprezais meu Nome. – Mas vós dizeis: em que desprezamos teu nome? – Ofereceis sobre meu altar alimentos impuros. – Mas dizeis: Em que te profanamos? – Quando dizeis: a mesa de Javé é desprezível. Quando trazeis um animal cego para sacrificar, isto não é mal? Quando trazeis um animal coxo ou doente, isso não é mal? (Malaquias 1,6-8)." Aí estão os responsáveis e as causas que levaram Malaquias a denunciar em nome de Deus: descaso pelos sacrifícios e ganância. O texto deixa entrever que já vigora a religião do puro e do impuro. Mas oferecer a Deus o que há de melhor é sinal de gratidão. O descaso é oferecer algo que não condiz com as exigências da pureza nos sacrifícios. E junto com a ameaça apresenta-se a sentença que aguarda os infratores. A resposta dos sacerdotes corruptos torce completamente a verdade.

Lugar social. O lugar social do profeta tem sido uma constante: ele está com os desfavorecidos, pois socorrê-los, ser solidários é o modo certo de honrar o pai.

Mensagem. O Antigo Testamento termina com a afirmação de que o bem vencerá o mal: "Então vereis novamente a diferença entre o justo e o ímpio, entre aquele que serve a Deus e aquele que não o serve. Porque eis que vem o dia que queima como um forno. Todos os arrogantes e todos os que praticam a iniquidade serão como palha; o Dia que vem os queimará – disse Javé dos Exércitos – de modo que não lhes restará nem raiz nem ramo. Mas para vós que temeis meu nome, brilhará o sol de justiça, que tem a cura em seus raios. Vós saireis e saltareis como bezerros de engorda. Pisareis os ímpios, pois eles serão poeira debaixo da sola de vossos pés no dia em que eu agir – disse Javé dos Exércitos" (3,18-21).

Novo Testamento

6
Profetas e profecia no Novo Testamento

1. Visão de conjunto

Como acabamos de ver, no Antigo Testamento há vários aspectos convergentes quando se fala de profetas e profecia. Podemos sintetizar esses aspectos convergentes deste modo: a característica principal da profecia é a denúncia das autoridades – sobretudo dos reis –, pois é arriscado concentrar todo o poder nas mãos de uma só pessoa. Outra constante nos profetas do Antigo Testamento é o território em que vivem. Exceção feita a Oseias e também a Amós (que era do Sul, mas foi profetizar no Norte), os profetas do Antigo Testamento eram do Sul e exerceram no Sul sua missão profética. Isso nos leva a perguntar: não houve profetas originários do Norte? Pode ter acontecido o mesmo que observamos nos livros das Crônicas, que pertencem à História do Cronista (1 e 2 Crônicas, Esdras e Neemias): simplesmente, omitem-se a história, os reis, a existência do Reino do Norte.

Outra constante nos profetas do Antigo Testamento é seu lugar social. Todos são periféricos, isto é, vivem entre os pobres e marginalizados e são seus porta-vozes. Resultado disso é a conservação da memória oral, e mais tarde escrita, por parte do povo das periferias.

Ao entrarmos no Novo Testamento, vamos ao encontro de algo diferente. Tentemos perceber a diversidade de destinatários da profecia. Há profecia que é denúncia, por exemplo, João Batista (Lucas 3,7 e seguintes). O hino de Zacarias (Lucas

1,67-79) é profecia, mas o aspecto da denúncia está ausente. Nesse caso, pode-se dizer que Zacarias é profeta porque intui o futuro do menino, e o sentido de profecia é diferente: "Ora, tu também, menino, serás chamado profeta do Altíssimo, pois irás à frente do Senhor para preparar-lhe os caminhos" (1,76).

Jesus é chamado de profeta no episódio da ressurreição do filho da viúva de Naim (Lucas 7,11-17): "Um grande profeta surgiu entre nós e Deus visitou seu povo". Que sentido tem aqui a palavra "profeta"? Teríamos uma aproximação de Jesus aos profetas Elias e Eliseu, que ressuscitaram dos mortos?

No encontro de Jesus com a samaritana (João 4), a mulher descobre que ele é profeta. Por que chega a essa conclusão: porque Jesus lhe fala a respeito dos maridos que ela teve? Ou será uma mudança de assunto, ou seja, a mulher tentando puxar o debate para o campo da religião e do lugar onde adorar a Deus?

No relato da paixão, segundo Mateus, os zombadores de Jesus lhe dão bordoadas e, caçoando, dizem-lhe: "Faze-nos uma profecia, Cristo; quem é que te bateu?" (Mateus 26,67b-68). Qual o significado da palavra "profecia" nesse contexto?

Nos Atos dos Apóstolos, é frequente a presença dos termos profeta e profecia. Eis alguns: no dia de Pentecostes, Pedro faz um pronunciamento importante e rebate as acusações de que estão bêbados, afirmando que se cumpre, naquele momento, a profecia de Joel: "Sucederá nos últimos dias, diz Deus, que derramarei de meu Espírito sobre toda carne. Vossos filhos e vossas filhas profetizarão, vossos jovens terão visões e vossos velhos sonharão" (Atos dos Apóstolos 2,17). Também neste ponto podemos perguntar: como se dá a profecia citada? Qual é a modalidade?

No mesmo livro do Novo Testamento, na igreja de Antioquia, diz-se que nela há profetas e mestres. Em uma oração comunitária, o Espírito pede para que Barnabé e Saul/Paulo sejam reservados para a missão que o Espírito lhes confiar (13,1-3). Que sentido tem aqui a palavra "profetas"?

6. Profetas e profecia no Novo Testamento

Ainda em Atos (21,10 e seguintes), aparece um profeta chamado Ágabo. Em um gesto simbólico, amarra os próprios pés e mãos com o cinto de Paulo, com isso quer indicar que em Jerusalém Paulo será preso pelos judeus.

E tem mais. Em 1 Coríntios 11, Paulo afirma que a mulher pode profetizar na assembleia dos fiéis, porém com a cabeça coberta. O que significa aqui a palavra "profetizar" e por que vem acompanhada da exigência de cobrir a cabeça?

O leitor terá percebido a variedade de sentidos das palavras "profeta" e "profecia" no Novo Testamento. Cada resposta dada a uma dessas perguntas revela a complexidade do tema. O que fazer? Em primeiro lugar, respeitar o texto, sem alterá-lo. A seguir, buscar o possível sentido dessas palavras naquele contexto, tarefa que se apresenta muito difícil, dado o leque amplo de possibilidades.

Não pretendemos esclarecer tudo. Simplesmente, nosso desejo é aprofundar os dois termos, dos quais estamos nos ocupando, a partir de alguns textos bíblicos. A escolha não é fácil, mas, no fim de tudo, chega-se a esta conclusão: aprofundar as palavras *profecia* e *profeta* em Paulo e no Apocalipse.

2. Profecia e profeta em Paulo

O texto que mais fala dessas palavras é 1 Coríntios, capítulos de 12 a 14, na seção que, junto com o tema O véu das mulheres e a narrativa da Ceia do Senhor, aborda questões referentes à boa ordem nas celebrações das comunidades. O contexto é celebrativo e litúrgico.

Para Paulo, profecia é um dom, um carisma. A palavra *carisma* vem do grego e contém a palavra *cháris*, que significa algo não conquistado, mas recebido de graça, dom que o Espírito distribui conforme quer. Em 12,7 temos a melhor definição de carisma: "Cada um recebe o dom de manifestar o Espírito para a utilidade de todos". Vamos analisar passo a passo essa definição.

→ *Cada um*. Os coríntios imaginam haver número escasso de dons, que manifestam o Espírito, e cobiçam aqueles que são praticamente os únicos reconhecidos como dom: falar línguas estranhas e profetizar. Paulo abre ilimitadamente o horizonte. *Cada um* significa que ninguém é excluído, pelo contrário, todos são agraciados com alguma manifestação do Espírito. Se em uma comunidade as manifestações do Espírito são poucas, isso não se deve a possível mesquinhez do Espírito, mas a outros fatores, como a inveja de quem julga não possuir nada; ao contrário, cada um possui um dom do Espírito. Está dentro de si, é preciso despertá-lo. O fato de alguém se considerar privado de dom diminui a pessoa, entristece, faz ver as coisas de forma negativa, julgando os outros superiores a si mesmo.

→ *Cada um recebe.* Ninguém é excluído pelo Espírito. Vários fatores levam a pessoa a pensar que não recebeu nenhum dom do Espírito: inveja, complexo de inferioridade, mania de se comparar negativamente em relação aos outros. A palavra *receber* transmite a ideia de gratuidade. Não é conquista da pessoa, mas presente com o qual o Espírito agracia quem ele deseja.

→ *Cada um recebe o dom do Espírito.* No dom recebido se encontra algo do Espírito, de sorte que na totalidade dos dons se encontra o Espírito total. Paulo desenvolve esse tema na metáfora do corpo formando unidade na diversidade dos seus membros (12,12 e seguintes).

→ *Cada um recebe o dom do Espírito para a utilidade de todos.* O dom tem finalidade explícita: é algo que da pessoa transborda para os outros. É proibido reter o dom para si, pois aquilo que se recebe de graça é preciso partilhar. É aqui que a maioria tropeça, pensando que o dom do Espírito seja para uso e consumo próprio. Mas não o é. Paulo podia ter ampliado a metáfora do corpo e seus membros, mostrando como uns estão a serviço dos outros: com as mãos cuidamos dos outros membros; os pés sustentam todos os outros membros do corpo, e assim por diante.

6. Profetas e profecia no Novo Testamento

Os coríntios pensam haver poucos dons e poucos seriam os agraciados pelo Espírito. Paulo amplia o campo de visão, mostrando haver grande diversidade de dons. Em 12,8-10, temos o primeiro elenco: sabedoria, ciência, fé, dom das curas, milagres, profecia, discernimento dos espíritos, falar línguas, interpretar línguas. Note-se o detalhe: supondo que esteja sendo apresentada uma espécie de hierarquia dos dons, antes da profecia são citados cinco dons. Pior para as línguas: estão em penúltimo lugar e condicionadas à presença de alguém que as interprete.

Em 12,28, há outra série de dons, a maioria deles ligada à direção das comunidades: apóstolos, profetas, doutores..., milagres, curas, assistência, governo, línguas. Nitidamente, os três primeiros desempenham função de direção. Nesse sentido, a profecia ocupa lugar de destaque, logo depois dos apóstolos. Aqui aprendemos que a profecia é importante para a direção das comunidades.

O capítulo 13 poderia ser visto como poema à parte. Porém se encaixa perfeitamente no discurso sobre os dons. Aquilo que qualifica o dom como manifestação do Espírito é o amor. Sem ele, tudo é vazio ululante. Note-se que o poema coloca em primeiro lugar os dois dons mais ambicionados pelos coríntios: línguas e profecia. Sem amor para nada servem.

Paulo crê que o falar em línguas seja dom do Espírito, mas prefere que os cristãos de Corinto profetizem. E explica o motivo: falar em línguas é falar com Deus. Profetizar tem como alvo as pessoas. E a profecia edifica, exorta, consola (14,2-3). Chegamos assim a uma espécie de definição do que é profecia: é dom do Espírito visando edificar, exortar e consolar as pessoas.

Há uma diferença substancial entre falar em línguas e profetizar. Aquele que fala em línguas não usa a inteligência, ao passo que a usa aquele que profetiza. Paulo traz um exemplo, e com ele acrescentam-se alguns detalhes à definição de profecia: "Se todos profetizarem, o incrédulo ou o simples ouvinte que entrar, há de se sentir arguido por todos, julgado por todos; os segredos de seu coração serão desvendados; prostrar-se-á com o rosto por terra, adorará a Deus e proclamará que Deus está realmente no meio de vós" (14,24-25). Podemos então tentar concluir a definição de profecia nesse texto de Paulo: "É dom do Espírito visando edificar, exortar e consolar as pessoas de fora para que se sintam tocadas e reconheçam onde se encontra Deus".

Encerrando o assunto, acrescentam-se indicações para a ordem nas assembleias: um por vez, duas ou três pessoas tomam a palavra e profetizam. E os demais avaliam se aquela profecia está ou não em sintonia com a vontade de Deus.

E o profeta? É aquele que exerce essa missão. São importantes os três verbos presentes na definição acima: edifica, exorta, consola. Diferentemente daquele que fala em línguas, o profeta sabe o que está dizendo, ou seja, fala com a inteligência. Ele pode estar enganado em sua profecia, mas o dom é acompanhado pelo discernimento dos ouvintes.

Nesse sentido, é oportuno ir aos Atos dos Apóstolos, capítulo 13,1-3: "Havia em Antioquia, na Igreja local, profetas e doutores: Barnabé, Simão cognominado Níger, Lúcio de Cirene, e ainda Manaém, companheiro de infância do tetrarca Herodes e Saulo. Celebrando eles o culto e honra do Senhor e jejuando, disse-lhes o Espírito: 'Separai para mim Barnabé e Saulo, para a obra à qual os destinei. Então, depois de terem jejuado e orado, impuseram-lhes as mãos e os despediram'".

A comunidade primitiva está próxima de um impasse. Em Jerusalém há uma Igreja totalmente de judeus. Além disso, nutre desconfianças em relação à comunidade de Antioquia, pois em vez de haver apóstolos em seu meio, conta simplesmente com profetas e doutores.

O momento é extremamente crucial, pois o movimento de Jesus, que ainda não se chama "cristianismo", pode acabar sufocado dentro das estreitas fronteiras do judaísmo. Assunto para o Espírito. E o Espírito não se faz de rogado. Mediante dois deles – Saulo/Paulo e Barnabé –, a comunidade se abrirá para o mundo graças a profecia de um deles que, moído pelo Espírito, expressa-se de modo forte, contundente, que não pode ser desmentido nem permitir voltar atrás. É o Espírito quem fala, porém mediante a forte convicção do profeta, que convence toda a comunidade: precisamos abrir-nos para o mundo. As palavras são do profeta que as pronuncia com inteligência, e o Espírito age por meio dessas palavras.

E assim acontece. A comunidade de Antioquia rompe o cordão umbilical que a une e a torna dependente de Jerusalém, abrindo novos campos de evangelização entre os pagãos.

A questão, em Corinto, da mulher que profetiza, é modelo para toda a literatura paulina. É, sobretudo, um problema relativo ao traje a ser usado – uma questão cultural restrita àquele ambiente e não um debate em torno do que pode/não pode a mulher profetizar na assembleia (veja, a esse respeito, meu livro "O Evangelho de Paulo", Santuário, Aparecida, 2018, p. 63 e seguintes).

3. Profecia e profeta no Apocalipse

À primeira vista, tem-se a impressão de não haver grande importância na relação entre Apocalipse e profecia, a não ser que se veja o Apocalipse na acepção de profecia como previsão de acontecimentos futuros. O problema é que o Apocalipse não é previsão, mas revelação daquilo que estava e está acontecendo. Na verdade, Apocalipse e profecia é fundamental para a compreensão correta do livro da Bíblia.

Historicamente, profecia e apocalíptica sucederam-se na linha do tempo, de sorte que a apocalíptica pode ser considerada filha da profecia. E andam juntas no Apocalipse. Vamos recordar:

> * A profecia consolida-se no tempo em que, com Samuel, é feita a passagem da organização igualitária das tribos para o sistema tributário dos reis (monarquia). A partir daí, Samuel

deixa de ser juiz, pois a administração da justiça passa para as mãos do rei, e se torna profeta, isto é, vigilante, pronto a denunciar os desmandos e as injustiças do rei.

* Profecia e monarquia não se combinam, e sempre que um rei deixa de fazer justiça ou pratica a injustiça, o profeta se levanta e denuncia. Essa relação tensa perdura até o fim da monarquia (exílio babilônico, de 586 a 538).

* Desaparecendo a monarquia, a profecia perde seu foco, e, aos poucos, vai tomando corpo outro movimento, apocalíptico, presente em alguns ensaios, ou seja, nos oráculos contra as nações, espalhados cá e lá nos livros proféticos. Assim percebemos como o movimento apocalíptico nasce de dentro da profecia – é seu filho. E aquilo que se sucedia no tempo sobrevive contemporaneamente no Apocalipse, como veremos.

Com o passar do tempo, o movimento apocalíptico vai se firmando e melhorando seu foco, até chegarmos à constatação: o movimento apocalíptico é o maior adversário dos imperialismos, pois estes são a negação do Reino de Deus e a tentativa de ocupar o lugar dele. Se examinarmos com atenção a história de Israel, perceberemos que o povo de Deus no Antigo Testamento foi, de uma forma ou de outra, quase ininterruptamente molestado pelos grandes impérios, assim:

* ... até 612: império assírio (entre outras coisas, destruiu o Reino do Norte – ano 722);
* de 612 a 539: império babilônico (destruiu o Reino do Sul – ano 586);
* de 539 até ± 333: império persa (veja acima, *5.2.11. Ageu* e *5.2.12. Zacarias*);
* de ± 333 a 64: império grego (veja os livros dos Macabeus);
* de 64 a.C. até 135 d.C.: império romano (época de Jesus e dos primeiros cristãos. Perseguições). O ano 135 d.C. marca a segunda destruição de Jerusalém, quando foi transformada em cidade pagã.

6. Profetas e profecia no Novo Testamento

O movimento apocalíptico torna-se forte dois séculos antes de Cristo até o século segundo de nossa era. É basicamente movimento de *resistência*, palavra que o sintetiza. A literatura apocalíptica, com sua linguagem codificada, é abundante nesse período, mas o que entra para o cânon das Escrituras são, para o Antigo Testamento, o livro de Daniel, e para o Novo, o Apocalipse. Aliás, Daniel é, sem dúvida, o pai da apocalíptica, e os patriarcas são aqueles profetas que pronunciaram oráculos contra as nações.

Como foi dito, profecia e apocalíptica se sucederam na história. Porém no Apocalipse comparecem juntas. Não só se denuncia, mas opõe-se resistência ao denunciado. Nesse sentido, a apocalíptica é mais ousada e corajosa que a profecia, pois enquanto esta se limita a denunciar, a outra sugere resistência.

No breve prólogo (1,1-3), temos a confirmação dessas ideias. No Antigo Testamento, os profetas são, por excelência, chamados de servos. Portanto, estão sendo convocados todos os profetas (neste caso, todos os cristãos), divididos entre leitor e ouvintes, se *observarem* as palavras da profecia que é o Apocalipse.

Em grego, o verbo *observar* significa, entre outras, conservar, manter, salvaguardar. É uma queda de braço entre as comunidades cristãs e os imperialismos, no caso, o império romano.

O prólogo condensa todos os temas importantes do livro. Mas aqui nos interessa apenas perceber a ligação estreita entre profecia e apocalíptica, isto é, entre denúncia e resistência.

Ao quadro simbólico da resistência temos também a palavra *perseverança* (1,9). Em grego, na língua em que foi escrito o Apocalipse, perseverança se diz *ypomonê*, palavra que significa *permanecer debaixo de*. Gosto de explicar isso com imagens tiradas do cotidiano. Quando plantamos mudas de batata-doce ou mandioca, enterramos as mudas, que permanecem debaixo da terra. Porém, crescendo, chegam a rachar a terra acima delas. Isso é *resistência*. Não é como quando alguém é sepultado em vala comum, com o tempo, a terra vai afundando sempre mais. Nenhuma força consegue fazer aquilo que fazem as mudas mencionadas acima.

3.1. A falsa profecia na comunidade

Os capítulos 2 e 3 contêm as sete cartas às sete comunidades. Trata-se das "coisas presentes" e destinadas a despertar as comunidades para a profecia. Aplicando às cartas a análise estrutural, descobre-se que a 4ª igreja (Tiatira) é a carta central. Assim:

Éfeso (2,1-7): Abandona o primeiro amor.
Esmirna (2,8-11): Não tem nada de negativo.
Pérgamo (2,12-17): Fiel até o martírio.
Tiatira (2,18-29): Falsa profecia na comunidade.
Sardes (3,1-6): Não foi fiel e está morta.
Filadélfia (3,7-13): Não tem nada de negativo.
Laodiceia (3,14-22): Não tem amor.

Olhando a disposição das cartas, descobrimos a centralidade de Tiatira, pois é o elemento que não tem seu par. De fato, compare Éfeso com Laodiceia (combinam pelo tema do amor); Esmirna e Filadélfia combinam entre si pela ausência de aspectos negativos. Pérgamo e Sardes se opõem. A primeira é resistente até a morte; Sardes está totalmente morta.

A igreja em Tiatira vive um problema grave. Nela há uma figura importante, simbolicamente chamada de Jezabel (a respeito dessa personagem, veja anteriormente *4.2.*). Sem dúvida, é personagem simbólica, mas é preciso prestar atenção naquilo que faz: "essa mulher que se afirma profetisa: ela ensina e seduz meus servos a se prostituírem, comendo das carnes sacrificadas aos ídolos" (2,20). Nas comunidades primitivas, o ensinamento é muito importante, pois prepara as pessoas para o testemunho. Jezabel, com seu ensinamento, leva a comunidade à prostituição (termo a ser tomado em seu significado simbólico, de infidelidade para com Deus e adesão à idolatria). Se as carnes sacrificadas aos ídolos forem tomadas em sentido real, então nos encontramos diante do mesmo

6. Profetas e profecia no Novo Testamento

problema enfrentado por Paulo em 1 Coríntios, capítulos de 8 a 10. Mas se tomarmos a expressão em sentido simbólico, então estamos diante de uma questão crucial no Apocalipse: o culto ao imperador.

Em poucas palavras, eis o que era o culto ao imperador. Sempre houve, na história da humanidade, reis que pretenderam adoração por parte das pessoas. Foi assim também no império romano. Seu primeiro imperador se chamava Otávio, que assumiu o nome de "Augusto", tendência a ocupar o lugar de Deus. Com a morte de Nero (ano 68), o império romano estava afundando. Foi então que o imperador Vespasiano decidiu resgatar o velho e eficaz culto ao imperador: todos no império deviam considerar e adorar os imperadores mortos e o imperador vivo, pois eram deuses. Quem não acatasse essa lei era morto. Bastava a suspeita de que tal pessoa era cristã para ser declarada ré de morte.

O culto ao imperador causava efeitos interessantes pelo império romano. A cidade que aceitasse promover esse culto recebia o título de *neócoris* (= zeladora do culto imperial). Porém, mais interessante era a quantidade de dinheiro que o Senado Romano destinava a essas cidades. De sorte que, espalhados pelo império, brotaram templos e mais templos aos imperadores, à cidade de Roma (também considerada deusa), ao Senado Romano e até à mãe do imperador vivo.

Podemos imaginar o estrago que isso causou nas frágeis comunidades cristãs. A segunda parte do capítulo 13 ajuda a entender o fenômeno. Nos tempos imperiais havia estátuas desses deuses, que falavam (pois em seu interior escondiam-se pessoas) e denunciavam os cristãos para que fossem mortos. Além disso, o culto ao imperador controlava as consciências (testa) e as ações (mão) das pessoas, de sorte que nenhuma atividade de compra e venda podia ser realizada sem a intervenção do culto imperial.

Outro problema grave enfrentado pelas comunidades cristãs no final do 1º século se chama sincretismo religioso. Por aquela região, conhecida como Ásia Menor, circulavam muitas propostas religiosas vindas do Oriente. A tentação era abraçar essas novas propostas, fato que anularia toda a capacidade de resistência da religião cristã, pois ela passaria a ser apenas mais uma religião entre outras.

Ignora-se o nível de contaminação existente na igreja de Tiatira. A carta simplesmente reprova que a comunidade deixe Jezabel em paz.

3.2. A última chance que Deus concede

A segunda parte do Apocalipse (4,1-22,5) mostra a importância da profecia e os resultados que daí decorrem. Os capítulos 4 e 5 são uma visão da história realizada a partir da perspectiva divina, ou seja, esses capítulos nos levam a ver a história com os olhos da fé. E o que aparece? Simplesmente um trono ocupado. É o senhorio da história. Aquele que está sentado no trono é o Deus fiel à vida, o Deus da aliança selada com Noé, o Deus aliado da humanidade para a promoção e conservação da vida.

Ele está de posse de um livro totalmente escrito: é a história da humanidade repleta de acontecimentos, porém, à primeira vista, acontecimentos, cuja leitura é impossível. Surge então uma figura capaz de ler e interpretar a história da humanidade, representada pelo livro lacrado com sete lacres: o Cordeiro (isto é, Jesus) morto, porém, ressuscitado (de pé) e vencedor.

Por causa de sua ressurreição dos mortos, o Cordeiro é a chave de leitura da história da humanidade. Sua ressurreição imprime na história um dinamismo poderoso que a leva para frente, para a plena realização do projeto de Deus.

No começo do capítulo 6, o Cordeiro vencedor da morte vai abrindo os quatro primeiros lacres, mostrando-nos como é nossa história. É marcada, desde o início, pela ganância (cavalo branco), que patrocina a violência (segundo cavalo, vermelho). A violência produz a morte (terceiro cavalo, preto) pela ausência de bens que sustentam a vida. Na falta de condições

6. Profetas e profecia no Novo Testamento

para a vida se desenvolver, as pessoas morrem de peste (quarto cavalo, esverdeado).

Esperávamos uma visão da história mais positiva. Mas o que apareceu foi uma visão que traz em seu DNA o germe da ganância, que culmina na morte. A história toma rumo novo a partir da abertura do quinto lacre: aparece o sangue dos mártires, que clamam por justiça. E, por causa desse sangue, que clama por não ter sido coberto (veja Gênesis 4,10), Deus vai atender ao clamor dos mártires. Mas, quando isso for implantado, quem poderá afirmar que não tem participação no tipo de mundo mostrado pelos quatro cavalos? É a preocupação – com sua resposta cheia de esperança e confiança – que aparece no capítulo 7.

No capítulo 8, começa a seção do toque das trombetas: representam o anúncio de que Deus já está julgando a história, e seu julgamento é mais intenso que a queda de braço acontecida outrora no Egito, entre Javé e os ídolos do Faraó (os quatro primeiros toques de trombeta. O quinto toque mostra que Deus já está fazendo justiça, clamando a conversão, mas servindo-se dos acontecimentos da vida humana, descritos na primeira parte do capítulo 9. O abismo (morada dos males) se abre, sai fumaça e dele surgem gafanhotos, protagonistas de desconcertantes transformações. Vale a pena conferir. De gafanhotos a leões, eis a grande transformação, e seu significado é este: Deus convoca a humanidade à conversão também mediante os acontecimentos negativos, representados pelas mudanças rápidas e surpreendentes dos gafanhotos. O sentido é este: não é loucura o ser humano criar associações para o mal, sabendo que com isso está cavando a própria cova? Assim como os gafanhotos se transformam rapidamente, também as organizações do mal ultrapassam nossa compreensão. Deus faz disso um alerta ou alarme, chamando a atenção para a insensatez do gesto, pois quem se associa a alguma associação maléfica está construindo a própria destruição. Não é tudo isso enorme insensatez?

A segunda parte do capítulo 9 mostra que Deus julga a história também mediante aquilo que se costuma chamar "dialética histórica". O autor prevê – e falha em sua previsão, sinal de que nele não predomina a profecia como adivinhação do futuro – a invasão do império parto, até então barrado por fronteiras naturais (rios e montanhas). O império parto seria, em alguma medida, sinal do julgamento de Deus, um modo por ele empregado de combater o mal. Porém, o final do capítulo 9 é bem realista: apesar disso tudo, as pessoas não abandonam o mau caminho, não se arrependem de seus atos perversos.

O que fazer então? A derradeira chance que Deus concede à humanidade se chama Evangelho, vivido e anunciado pelos profetas.

3.3. Como nos tornamos profetas?

O capítulo 10 tem a resposta, e desta vez, a resposta produzirá resultados positivos, apesar das oposições. O momento é solene. O anjo descrito no início do capítulo tem semelhanças com Deus, pois estamos para entrar no coração do Apocalipse. E a última chance que Deus concede, antes que termine o tempo, é o livro aberto, ou seja, o Evangelho, destinado a toda a humanidade: "Não haverá mais tempo! Pelo contrário, nos dias em que se ouvir o sétimo Anjo, quando tocar a trombeta, então o mistério de Deus estará consumado, conforme anunciou a seus servos, os profetas" (10,6b-7).

Aquilo que vem a seguir é extremamente importante para não errarmos o caminho que nos propusemos seguir. Trata-se da investidura do profeta. Em outras palavras, é a resposta à pergunta: "Como nos tornamos profetas?"

Tornamo-nos profetas devorando o livro aberto (Evangelho). Note-se: é preciso *devorá-lo*, não simplesmente comê-lo, com avidez e responsabilidade. E não restam dúvidas: o livro será doce na boca, porém amargará o estômago. É prazeroso estudar a Bíblia. Vários salmos comparam a doçura da Palavra de Deus a um favo de mel. Mas a digestão é extremamente amarga (o amargor, ou seja, a perseguição e a morte do profeta serão descritos no capítulo 11).

Recebida a investidura, o profeta recebe a missão (na verdade, bem amarga): "Disseram-me então: 'é necessário que continues ainda a profetizar contra muitos povos, nações, línguas e reis'" (10,11). Observemos alguns detalhes. O profeta deve profetizar *ainda*. Não recebe a investidura para sepultar a profecia, pelo contrário, deve continuar profetizando. Sua é *profecia contra*. Quem profetiza a favor dos grandes são os profetas profissionais, contratados e mantidos pela corte; daí se entende por que profetizam sempre a favor do rei. Caso não o fizessem, perderiam o emprego e as mordomias. O *profetizar contra* recupera a dimensão de denúncia na profecia no Antigo Testamento.

Profetizar contra *muitos*. Não serão poucos os que tentarão sufocar a profecia, como veremos. A morte do profeta é motivo de banquetes, troca de presentes, novas amizades, como fizeram Herodes Antipas e Pilatos por ocasião da prisão e morte de Jesus.

Muitos *povos, muitas nações, línguas e muitos reis* são os destinatários da profecia como denúncia. Observe bem: são quatro instâncias (no Apocalipse, o número 4, tomado simbolicamente, representa a totalidade). Não podia faltar a presença dos reis, detentores de todo poder, que se julgam divinos e intocáveis.

Por que a presença dos reis? Arriscamos uma resposta. No Antigo Testamento afirma-se, várias vezes, que o poder pertence exclusivamente a Deus. Ele, contudo, delega-o, e o rei recebe o poder que pertence a Deus como delegado seu. O profeta fica vigiando, porque o rei pode considerar-se intocável e fazer mau uso do poder divino. Isso seria a mesma coisa que atribuir a Deus tal mau uso do poder.

3.4. O amargor de ser profeta

O capítulo 11 mostra o cotidiano dos profetas. São citadas duas figuras que, ao longo da história, foram identificadas com várias duplas de companheiros. Eles se parecem com os antigos profetas (Elias), e sua profecia dura o tempo inteiro de perseguição. Profetizam na grande cidade, que os persegue e mata, deixando expostos seus cadáveres para que sirvam de lição a outros que ousarem profetizar. Mas uma coisa é certa: matam-se os profetas, porém não a profecia, pois as duas testemunhas são ressuscitadas e levadas para junto de Deus. É a vitória da profecia, pois se afirma que "os sobreviventes ficaram apavorados e deram glória ao Deus do céu" (11,13). Isso suscita a grande aclamação:

> A realeza do mundo passou agora para nosso Senhor e seu Cristo, e ele reinará pelos séculos dos séculos... Nós te damos graças, Senhor Deus Todo-poderoso, Aquele que é, Aquele que era, porque assumiste teu grande poder e passaste a reinar. As nações tinham-se enfurecido, mas a tua ira chegou, como também o tempo de julgar os mortos e dar a recompensa a teus servos, os profetas, aos santos e aos que temem o teu nome, grandes e pequenos, e de exterminar os que exterminam a terra (11,15.17-18).

3.5. A constante luta das comunidades proféticas

Os capítulos de 12 a 15 são o centro do Apocalipse e chamados de "seção dos três sinais" (a mulher, o dragão assassino e os sete Anjos com as sete taças). Antes de iniciar a apresentação, há algo muito interessante no final do capítulo 11, que diz: "O templo de Deus, que está no céu, abriu-se, e apareceu no templo a arca de sua aliança. Houve relâmpagos, vozes, trovões, terremotos e grande tempestade de granizo" (11,19). Uma lenda, registrada por 2 Macabeus 2,1-8, narrando isto: o profeta Jeremias escondeu a arca da aliança em uma gruta na montanha, apagando qualquer traço que a ela pudesse conduzir, e ela reapareceria quando Deus se mostrasse misericordioso. Então, estamos diante da misericórdia divina.

A mulher é figura polivalente. Na linha daquilo que estamos examinando, representa as comunidades proféticas na difícil tarefa de dar à luz o Cristo, da mesma forma que acontece com Maria ao dar à luz Jesus. É a matriz geradora da vida.

O Dragão é o oposto da mulher. É o pai de todo o mal, o inimigo número 1 da vida. Tem pretensão de ocupar o lugar de Deus Pai, autor e senhor da vida. Quer devorar a profecia, mas não conta com a intervenção de Deus. O dragão comunica todo o seu poder à primeira besta (o império romano), paródia de Jesus Cristo, que faz tudo o que o Pai quer, realiza tudo o que vê o Pai fazer.

A segunda besta, também chamada de *falso profeta*, é caricatura do Espírito Santo, a energia que, desde o Antigo Testamento, moveu e move os profetas. Imita de todas as formas o Paráclito, e é preciso ter discernimento para perceber que nada se parece mais com o verdadeiro profeta do que o falso profeta.

O terceiro sinal (15,1) traz os sete Anjos com as sete taças (pragas). A taça é símbolo da recompensa e do julgamento. Diante da última chance concedida aos fiéis da Besta (14,7 e seguintes), instaura-se o julgamento, que não é senão *dar a cada um aquilo que seus atos merecem*. O julgamento, portanto, não é arbitrário, ou parcial ou injusto, pois cada um recebe por aquilo que fez. Aqui cabem, pelo menos, duas constatações: 1. O Evangelho, alimento do profeta e conteúdo de sua fala, é a última e definitiva oportunidade de vida que Deus concede à humanidade. 2. As pessoas de bom senso descobrem que *aqui e agora* estão construindo a própria salvação ou a própria perdição. No julgamento não haverá surpresas nem parcialidade. Cabe aqui uma das 7 bem-aventuranças do Apocalipse: "Felizes os mortos, os que desde agora descansam no Senhor. Sim, diz o Espírito, que descansem de suas fadigas, pois suas obras os acompanham" (14,13).

3.6. Apoteose: a Nova Jerusalém

As sete taças são espalhadas em sete lugares estratégicos, com isso querendo dizer que ninguém escapa do julgamento.

Harmagedôn significa Montanha de Meguido". É aí que o rei Josias morre na batalha (ano 609), provocando grande clamor, pesar e dor pela perda do grande rei reformador. Harmagedôn passa a significar destruição total, até as raízes, das forças do mal. Vários são os temas dessa seção (16,17-22,5), como a descrição da grande prostituta, mãe de todas as prostituições da terra, aquela que estava bêbada com o sangue dos mártires (capítulo 17).

No capítulo 18, comparecem aqueles que se beneficiavam com isso: os donos do poder político (reis), os detentores do poder econômico (mercadores) e os comunicadores (navegadores e marinheiros). Destruída a cidade prostituta, iniciam-se os preparativos para o casamento do Cordeiro com a noiva, a Nova Jerusalém (capítulo 19), que é descrita nos capítulos 21 e 22 como terra sem males, onde tudo é perfeito e partilhado. Recupera-se o paraíso perdido, e o próprio Deus abandona o céu para vir morar na terra, pois habitar em uma sociedade justa é muito bom.

Conclusão

"Ao Senhor, nosso Deus, a justiça, mas a nós a vergonha no rosto, como acontece hoje. A nós, homens de Judá e habitantes de Jerusalém, a nossos reis e chefes, a nossos sacerdotes e profetas e a nosso pais, porque pecamos diante do Senhor..." (Baruc 1,15-17). "Não é apoiando-nos nas obras de justiça de nossos pais e de nossos reis, que depomos nossa súplica diante de tua face, ó Senhor nosso Deus. Pois sobre nós desencadeaste teu furor e tua ira, segundo o que havias falado por intermédio de teus servos os profetas" (Baruc 2,19-20). Deus nos fala por intermédio dos profetas, e não dar ouvidos aos profetas é permanecer surdo às palavras de Deus: "Não escutamos a voz do Senhor nosso Deus, segundo todas as palavras dos profetas que nos enviou" (Baruc 1,21).

Em suas grandes linhas, percorremos toda a Bíblia buscando tanto o sentido de profeta quanto o conteúdo da profecia. E parece termos chegado a alguns pontos firmes:

– Tendo como ponto de partida o Antigo Testamento, profeta é aquele ao qual Javé revela seu segredo: "O Senhor Javé não faz coisa alguma sem antes revelar seu segredo a seus servos, os profetas" (Amós 3,7).

– A palavra que caracteriza, de modo quase perfeito, aquilo que o profeta anuncia é *denúncia*. Omitir esse aspecto é esvaziar totalmente o conteúdo da missão profética.

– É unanimidade: todos os profetas do Antigo Testamento têm como lugar social a periferia, da qual o profeta é porta-voz.

– No Novo Testamento, há amplo leque de interpretação da palavra profecia. Duas interpretações, no entanto, são as que mais se impõem: a mensagem forte, cheia de unção, de alguém que estremece e tira de seu torpor a comunidade prestes a estagnar-se. Como vimos, foram profetas aqueles que, recebendo do Espírito e repassando à comunidade, estimularam a comunidade de Antioquia da Síria a se abrir à nova realidade, a fim de anunciar-lhe o Senhor Jesus.

– Para outros, profecia é a palavra forte que edifica as pessoas e as comunidades. Pertence aos dons do Espírito Santo, e quem recebe esse dom não pode retê-lo para si, mas dar-lhe a destinação que lhe é própria: o bem de todos.

Foi dito no início que este trabalho está isento de qualquer pretensão de completude. Pretende simplesmente ser um estímulo ao prosseguimento. Faço votos de que aconteça com o leitor o mesmo que aconteceu com Eliseu quando Elias subiu ao céu em um carro de fogo. Antes de partir, Elias lhe disse: "Peça o que quiser, antes que eu parta". "Quero dupla porção de teu espírito", arriscou Eliseu. "Não é pouca coisa aquilo que você pediu. Mas se você me vir ao ser arrebatado, obterá aquilo que pediu" (veja 2 Reis 2). E Eliseu viu Elias subir ao céu no turbilhão de fogo. O manto de Elias caiu. Eliseu o tomou e, cheio do Espírito, que anima os profetas, começou a realizar sua missão.

Anexo

Profetas "Escritores"

---

* **Os profetas por períodos:** O painel, na página seguinte, apresenta os "profetas escritores" de acordo com a época de cada um. Cada período da história está assim representado: texto regular (antes do exílio), sublinhado (durante o exílio) e negrito (depois do exílio).

* Neste painel dos "profetas escritores" estão ausentes os seguintes livros do Antigo Testamento: Daniel – não é livro profético, e sim apocalíptico; Lamentações – não é livro profético, pois se trata de um poema que tem como tema a destruição de Jerusalém; Baruc – não é livro profético, mesmo sendo difícil definir sua categoria; Jonas – trata-se de novela bíblica.

Nome	Época	Norte/Sul	Lugar social
Amós	± 750	Sul (Técua) → Norte	Periferia
Oseias	Depois de Amós	Norte	Periferia
Isaías 1-39	740 (IS 6,1)	Sul	Reprova o Palácio
Miqueias	740-736	Sul (Morasti)	Periferia
Sofonias	± 630	Sul	Periferia

Profetas "Escritores"

Mensagem
Profeta, não por profissão, mas por vocação vinda de Deus, é enviado a profetizar contra o Reino do Norte, seu rei Jeroboão II, e a religião que sustenta todo esse arranjo injusto concentrado no santuário de Betel; Amós deve apontar para o desfecho das injustiças aí cometidas, ou seja, o exílio por ação do império assírio, fato acontecido pouco tempo depois (ano 722).
Único profeta do Reino do Norte, Oseias vive na própria carne um drama que representa toda a turbulência religiosa de seu tempo, traduzida em termos de casamento (Deus esposo, o povo é a esposa), infidelidade por parte da esposa, desfecho trágico (o exílio que se aproxima). É a história do Deus apaixonado pelo povo, mas não correspondido pela esposa.
Uma das várias características de Isaías 1-39 é, sem dúvida, a denúncia dos desmandos das autoridades político-religiosas de seu tempo. A cidade de Jerusalém, vista pelo profeta como esposa do Deus de Israel, tornou-se centro de infidelidade à aliança, traduzida em termos de matrimônio. Tornou-se famoso e importante o texto desse profeta que anunciou uma mulher dando à luz um filho chamado Emanuel = Deus conosco. De acordo com 6,1 e seguintes, Isaías sentiu-se chamado a profetizar durante uma celebração no Templo, enquanto se cantava o Salmo 99, que celebra a santidade de Deus. Esse tema (a santidade de Deus) percorre todo o livro, servindo como título geral.
A região que viu Miqueias nascer (a Sefelá) caracterizava-se pelo elevado número de cidades fortificadas, lugar de prosperidade, mas, ao mesmo tempo, de injustiças. Pode-se dizer que o progresso e o bem-estar da Sefelá comportava uma hipoteca social: tudo havia sido alcançado graças à exploração do pequeno que, no fundo, é violação da aliança de Javé com seu povo: "As mulheres de meu povo vós expulsais cada qual de sua casa que amava. De seus filhos tirais, para sempre, a honra que vem de mim. Levantai-vos e ide! Não é mais tempo de repouso! Por tua impureza provocas a ruína, e a ruína será aguda" (2,9-10). O livro de Miqueias está entre os textos mais modificados, corrigidos e acrescentados do Antigo Testamento. São de Miqueias a profecia do nascimento do Messias, na cidade de Davi, Belém (5,1-3), e as lamentações do Senhor (6,3), cantadas no rito da cruz da Sexta-feira Santa.
O livro de Sofonias pode ser sintetizado com algumas de suas frases: "Naquele dia, não mais terás vergonha de todas as tuas más ações, pelas quais te revoltaste contra mim, porque, então, afastarei de teu seio teus orgulhosos fanfarrões: e não continuarás mais a te orgulhar em minha montanha santa. Deixarei em teu seio um povo humilde e pobre, e procurará refúgio no nome de Javé, o Resto de Israel. Eles não praticarão mais a iniquidade, não dirão mentiras; não se encontrará em sua boca língua dolosa. Sim, eles apascentarão e repousarão sem que ninguém os inquiete" (3,11-13). "Procurai a Javé, vós todos, os pobres da terra, que realizais seu julgamento. Procurai a justiça, procurai a humildade: talvez sejais protegidos no dia da ira de Javé" (2,3).

Vamos conhecer os Profetas da Bíblia

Nome	Época	Norte/Sul	Lugar social
Jeremias	Vocação: 627 (Jr 25,3)	Sul (Anatot)	Periferia
Habacuc	± 600 (?)	Sul	Periferia
Ezequiel	Antes de 586 <u>Durante o exílio</u>	Sul	Periferia
Naum	± 612	Sul (Elcós)	Periferia
<u>Isaías 40-55</u>	<u>550</u>	<u>No exílio</u>	<u>Junto aos exilados</u>
Ageu	**Ag.-dez. de 520**	**Na Judeia**	**No meio do povo**
Zacarias	**520**	**Na Judeia**	**No meio do povo**

Profetas "Escritores"

Mensagem

Jeremias é, sem sombra de dúvida, o profeta mais paradoxal. Nascido de família sacerdotal, foi mandado por Deus à porta principal do Templo para proclamar seu fim. Não casou, nada de alegria, nada de luto ou lágrimas, pois sua indiferença anunciava a indiferença de Deus. Amou sua terra, mas foi obrigado a proclamar a rendição dos babilônios como única saída para continuar vivendo. Acusado de trair a pátria, for preso e amargou perseguições. Quando Jerusalém se entregou aos babilônios, o profeta – por ter incentivado a rendição – foi deixado livre para ficar ou ir para a Babilônia. Decidiu ficar com o resto do povo pobre, mas acabou sendo levado ao Egito onde, provavelmente, passou seus últimos dias. São famosos seus desabafos, conhecidos como as "confissões de Jeremias".

Habacuc é personagem indecifrável. Não se tem certeza acerca de praticamente nada. Contudo, sua mensagem é viva e forte, e serviu de tese fundamental da carta que Paulo escreveu aos Romanos. O profeta clama a Javé por causa da violência. Deus lhe responde que suscitará uma força capaz de coibir a violência e as injustiças. O profeta se apavora: é possível suprimir a violência pela ação de alguém ainda mais violento? Javé, então, proclama: "O justo viverá por sua fidelidade".

Ezequiel impressiona pela linguagem forte e ações simbólicas. Sacerdote, anuncia a destruição de Jerusalém (antes do exílio, ou seja, antes de 586). Vai para o exílio, pois a glória do Senhor abandonou Jerusalém. No exílio, sua função é devolver esperança aos exilados. O final do livro prevê o retorno do exílio e novo arranjo social na terra da promessa.

O profeta vê a destruição de grande capital opressora como a realização do dia de Javé, na visão tradicional, ou seja, como o dia no qual Deus aniquilaria os inimigos de Israel. Dele aprendemos que maltratar o aliado de Deus é agredir a aliança, com a qual Deus se comprometeu na defesa do aliado.

Os capítulos de 40 a 55 de Isaías são obra de um autor exilado na Babilônia. Seu texto, com razão, é chamado de "Livro da Consolação", pois a pena foi cumprida, e agora o povo se prepara para o grande êxodo, o retorno à pátria. Pertencem a esse autor os importantes "hinos do servo de Javé", muito lidos na semana santa. O livro transborda esperança e alegria.

Com Zacarias, Ageu é o grande incentivador da reconstrução do Templo como centro de identidade do povo. O império persa coibia somente a organização política dos povos dominados. Daí a importância de se ter algo que servisse de identidade para os que voltaram do exílio.

Com Ageu, Zacarias é o grande incentivador da reconstrução do Templo como centro de identidade do povo. O judaísmo, surgido nessa época, tinha três fundamentos: Templo, Lei e Raça. Este último não encontra apoio em Zacarias, pelo contrário, é rejeitado.

Nome	Época	Norte/Sul	Lugar social
Abdias	Entre 498 e 399	Na Judeia	No meio do povo
Joel	± 400	Na Judeia	No meio do povo
Isaías 56-66	Depois de 538	Na Judeia	No meio do povo
Malaquias	Entre 480-450	Na Judeia	No meio do povo

Profetas "Escritores"

Mensagem

O Salmo 137 mostra a razão pela qual surgiu o livro de Abdias, o mais curto de todos: quando Jerusalém foi arrasada pelos babilônios, os edomitas (descendentes de Esaú, irmão de Jacó) vibraram e participaram do despojo e da compra de prisioneiros feitos escravos. Para Abdias, isso era crime internacional que violava o parentesco entre duas nações.

Dois acontecimentos sobressaem no livro do profeta Joel: a praga de gafanhotos e o anúncio do dia em que o Espírito do Senhor será derramado sobre todo ser humano. A praga de gafanhotos pode ter sido um acontecimento real, mas pode também simbolizar a invasão de um exército inimigo, fato que leva o povo a clamar por perdão. No dia de Pentecostes, em seu anúncio, Pedro cita a passagem de Joel que prevê o dia em que o Espírito será derramado sobre todos.

Nascido na Judeia depois que o povo voltou do exílio, o Terceiro Isaías bate de frente com as ideias do judaísmo, que se fundava no Templo, na Lei e na Raça. Deus acabava confinado a um povo, Israel, e a religião dependia do pertencer ou não à raça judaica. O Terceiro Isaías é um grito escutado também nos confins da terra: o Deus de Israel é o único Deus de todos e para todos. Sua religião abraça a todos, indistintamente.

Último dos "profetas escritores", seu nome é fruto de convenção. Na realidade, ignora-se o nome desse autor. "Malaquias" significa "mensageiro de Deus". Em seu tempo, o problema principal era a corrupção religiosa das lideranças ligadas ao Templo. Em nome de Deus, Malaquias convoca uma "faxina" geral para varrer longe a corrupção instalada no Templo. É nesse sentido que o Evangelho de Marcos, no início, cita Malaquias, mas o evangelista registra as palavras de Malaquias atribuindo o texto ao profeta Isaías.

Índice

Introdução | 3

ANTIGO TESTAMENTO | 7

1. Origem do fenômeno profético | 9
    1. Como surgiu o profetismo em Israel? | 12
        1.1. Fim do sonho | 14

2. Por que a organização igualitária das tribos chegou ao fim | 17
    1. O sacerdote Eli e seus filhos | 18
    2. Samuel, juiz e profeta | 20

3. Profecia x Monarquia | 25
    1. Saul rei | 25
    2. O profeta Natã desmascara o "justo" rei Davi | 26

4. A denúncia nos profetas "não escritores" | 29
    1. O "Homem de Deus" x o rei Jeroboão | 30
    2. Elias x Acab + Jezabel | 32
    3. Eliseu e a troca de rei | 33

5. Os profetas "escritores" | 35
    1. Observações preliminares | 35
    2. Os profetas "escritores" passo a passo | 37
        2.1. Amós | 37
        2.2. Oseias | 38

2.3. Isaías 1-39 | 39
2.4. Miqueias | 40
2.5. Sofonias | 42
2.6. Jeremias | 43
2.7. Habacuc | 44
2.8. Naum | 46
2.9. Ezequiel | 46
2.10. Isaías 40-55 | 47
2.11. Ageu | 49
2.12. Zacarias | 50
2.13. Abdias | 51
2.14. Joel | 52
2.15. Isaías 56-66 | 53
2.16. Malaquias | 54

NOVO TESTAMENTO | 57

6. Profetas e profecia no Novo Testamento | 59
   1. Visão de conjunto | 59
   2. Profecia e profeta em Paulo | 61
   3. Profecia e profeta no Apocalipse | 65
      3.1. A falsa profecia na comunidade | 68
      3.2. A última chance que Deus concede | 70
      3.3. Como nos tornamos profetas? | 72
      3.4. O amargor de ser profeta | 73
      3.5. A constante luta das comunidades proféticas | 74
      3.6. Apoteose: a Nova Jerusalém | 75

Conclusão | 77

Anexo: Profetas "Escritores" | 79

A marca FSC® é a garantia de que a madeira utilizada na fabricação do papel deste livro provém de florestas que foram gerenciadas de maneira ambientalmente correta, socialmente justa e economicamente viável.

Este livro foi composto com as famílias tipográficas Cantonia, Minion Pro e Segoe e impresso em papel Offset 75g/m² pela **Gráfica Santuário.**